O Autor, com sua neta Cecília.

De Olho na Morte e Antes

Fernando Fortes

De Olho na Morte e Antes

Ateliê Editorial

Copyright © 2012 Fernando Fortes

Direitos reservados e protegidos pela Lei 9.610 de 19 de fevereiro de 1998.
É proibida a reprodução total ou parcial sem autorização,
por escrito, da editora.

Dados Internacionais de Catalogação na Publicação (CIP)
(Câmara Brasileira do Livro, SP, Brasil)

Fortes, Fernando
   De Olho na Morte e Antes / Fernando Fortes –
Cotia, SP: Ateliê Editorial, 2012.

   ISBN 978-85-7480-594-8

   1. Poesia brasileira I. Título.

12-06705   CDD-869.91

Índices para catálogo sistemático:
1. Poesia: Literatura brasileira   869.91

Direitos reservados à
ATELIÊ EDITORIAL
Estrada da Aldeia de Carapicuíba, 897
06709-300 – Cotia – SP
Telefax: (11) 4612-9666
www.atelie.com.br
contato@atelie.com.br

Printed in Brazil 2012
Foi feito o depósito legal

Sumário

Nota Editorial 23

De Olho na Morte

Sinais de Vida no Planeta Morte – Antonio Carlos Secchin 31

Alcance 33
Da Origem 34
Ainda 35
Causa e Efeito 36
O Músico 37
O Enigma dos Velhos 38
Maré 39
Essências 40
Pôquer 41
Contradição 42

Homem Triste 43
De Olho na Morte 44
    I A noite embuça os gestos 44
    II As rochas emergem das águas suas coxas de pedra 46
    III Triste é lutar contra a velhice – 47
    IV Não há céu, há só ar, coisa nenhuma 50
Automação 51
Ex 52
Prece 54
Profissão de Fé 55
Corpo-a-corpo 56
Relatividade 58
O Traidor 59
Cosmogonia 61
Pinel 62
Aspereza 64
Translação 65
Silogismos 67
Percepção 68
Faz Frio 69
Paisagem da Varanda 70
Manhã 71
Fado 72
Dia a Dia 73
Possessão 74
Humilde 75
Sonhando a Vida 76
Ambivalência 77

Verão	78
Noite de Inverno	79
Leme	80
Orgulho	81
Nuvens	82
Paisagem da Baía	83
Caligem	84
Adeus	85
Perplexidade	86
Noite Biônica	87
Ceticismo	89
Medo	90
Singradura	91
Lonjura	92
Raiz da Dor	93
Elo Perdido	94
Quase Dormindo	95
Estações	96
Argumento para Morte	97
Tempestade	98
O Louco	99
Resignação	100
Caudaloso	101
A Bolsa é a Vida	102
Perdismo	103
El Asceta	104
Misterio	105
Ser o no Ser	106

Autorretrato	107
Prece à Agnes	108
O Louco e o Mar	109
Vida	110
Esteios	111
Balada de um Náufrago	112
Canção das Aias	113
Das Migrações	115
Biombo	116
Urca	117
Aparências	118
Maratona	119
Cativo de Si	120
Despejo	121
Mecânica Celeste	122
O Peso dos Anos	123
Ultrapassagem	124
Anátema	125
Inutilidade	126
Sofisma	127
Desolação	128
Joãozinho	129
Joãozinho 2	130
Vigília	131
Ressurreição	132
A Morte	133
Revelação	134
Transparência	135

À Deriva 136
Em Segredo 137
Pacto 138
Pinguço 139
Poema do Ateu 140
Agenda Cultural 141
Pranto a um Boêmio da Urca 143
Eu Sou? 144
Caixa-Preta 145
Magía 147
Mar 148
Trajetória do Professor 149
Solilóquio 150

Tempos e Coisas

Tempos e Coisas 157
Salmo 163
Oratório 164
   1ª Voz 164
   2ª Voz 165
   3ª Voz 166
A Criação 167
   I Corpos avulsos 167
   II Dias havia 168
   III Todos os corpos ingraves 169
   IV No início 170
Tragédia 171

    i O bode 171
    ii O canto do hipócrita 172
    iii Tudo é princípio 173

Harmonia 174
Quietude 175
Reviria 176
Pandorga 177
Zeppelin 178
Gato 179
Paralelo 180
Claridade 181
Suspense 182
Perigo 183
Festa 184
Sal 185
Insônia 186
Mito 187
Crisálida 188
Soma 189
Pomba 190
Relento 191
Vereda 192
Desamor 193
Pesca 194
Chumbo 196
Manhã 197
Lascívia 198
Silente 199

COLHEITA	200
MIRANTE	201
APOSTA	202
CAFÉ	203
FIO	204
FEIRA	205
PASSEATA	206
VILAREJO	207
MEDIEVAL	208
MARASMO	209
LIVRO	210
DESVELO	211
INÉRCIA	212
LIAME	213
PRATA	214
UNO	215
DELITO	216
ASSALTO	217
FURTO	218
HOMICÍDIO EM TRÊS ATOS	220
I As mulheres velavam	220
II Em noite de cama fria	222
III Ódio entre irmãos	223

Canto Pluro e Outros Poemas

CANTO PLURO	229
I Mirai	231

2 Em patrulha de éguas 232
  3 Cabalus 233
  4 Tribos 234
  5 Corsário perigo 235
  6 Arco 236
  7 Mil varas 237
  8 Morro bem fincado 238
  9 Velas em bizel 239
 10 Tropa de peixes 240
 11 Árvores correndo 242
 12 Um canto escorre 243
 13 Domadas vidas 244
 14 Mãe 246
 15 Muitos palmos medem sombras 248
 16 Ronda 250
 17 Os montes não se atrevem 251
 18 Sempre se empenham as pragas 252
 19 Gonzo 253
 20 Grande é a nobreza das franjas 255
 21 Assoalho de escovas piaçavas 257
 22 Pacotes de mão urgente 258
 23 Mundos 259
 24 Costelas mastigam 261
 25 Homem 262
 26 Frontal 263
 27 Capotes arrimam 264
 28 Volúpia de núpcias: 265
 29 No saguão das quintas 266

30 Noite 267

31 Lua 269

32 Caravela de flanela 270

33 Rasga 271

34 Cobrai senhores cobrai 272

35 Frutíferas torres 273

36 Petróleo 274

37 Sirius 275

38 Antares 276

39 Um aço azula a noite 277

40 Um rio dorme sob o cosmo 278

41 Se céu houvesse 279

42 Lá 280

43 Deixai os campos deixai 282

44 Quando os lápis vararem 283

IMAGENS DE BANHEIRO 284

VENTOS ALÍSIOS 288

  1 Como são dores os ventos alísios 288

  2 Tantos olhos 290

CANTO DE AMOR E MORTE AO FERROVIÁRIO

  LOCOMOTIVA 291

REFLEXOS 293

A FUGA SEM DISFARCE 294

DE LER PARA VER 295

LIMBO 296

EROSÃO 297

TREVABREU 298

DE MAR AMAR 299

Precipitação do Corpo 300
Navegação da Noite 301
Naufrágio do Corpo 302
Ilusionista... 303
Carências de Carícia 304
Soneto de um Burguês Indefinido 305
Verão.. 306
À Beira-Morte 307
Decadência 309
Paranoia 310
Elos.. 311
Exortação à Paz 312
Juízo Final 314

Raiz da Dor

I Aqui jaz um futuro que pertence 319
II Quando virá a paz que me deserta 320
III Trago os olhos cansados de paisagens 321
IV Alma serena, entra no meu corpo 322
V Tu que não podes dominar a morte 323
VI Já vou chegando à terra prometida 324
VII Paragens, vistas, vargens preferidas, ... 325
VIII O que sobrou de mim, que triste amigo 326
IX Na foz dos ventos verterei meu canto 327
X Tu finges que és feliz e em ti persiste 328
XI O mal que o coração hoje domina 329
XII Daquele fero amor que me despreza 330

XIII	Tenho o corpo cansado mas sem sono	331
XIV	Longe de casa estou, pelas cidades,	332
XV	Do fundo do alicerce lanço a ponte	333
XVI	Ai, solidão que me machuca o peito	334
XVII	As vagas são estátuas de alvo mármore	335
XVIII	Amar, depois sofrer, depois partir,	336
XIX	A esperança que sempre me mentia	337
XX	Dizes que eu digo mas não sabes nada	338
XXI	Magro bicho que foges pela estrada	339
XXII	Repousando meus olhos sobre a relva	340
XXIII	Fiz viagens, passeios, convivências,	341
XXIV	Pobre menino magricela e triste	342
XXV	Sou a um tempo romântico e realista	343
XXVI	Por que já não direi da nobre luta	344
XXVII	O ano passa, outra vida já começa,	345
XXVIII	Pelo espaço infinito vou subindo	346
XXIX	Ama-me assim como eu te amei outrora	347
XXX	Aqui sobre esta praia debruçado	348
XXXI	A vida que eu amei por que não soube	349
XXXII	Torno à casa, retorno ao velho templo	350
XXXIII	Negra sombra sem luz, humana, escura,	351
XXXIV	Teu rosto é calmo como o de uma santa	352
XXXV	No tempo em que José amou Maria	353
XXXVI	Montada em um jumento vai Maria	354
XXXVII	Quando em Cafarnaum Jesus pregava	355
XXXVIII	Às margens do Jordão está Batista	356
XXXIX	Não invoques teu Deus para salvar-te	357
XL	Parte Jesus para o deserto branco	358

XLI Os antigos mandavam que jurasses	359
XLII E descendo Jesus daquele monte	360
XLIII No solitário campo de uma noite	361
XLIV Dá-me um sonho de paz, de sossegado encanto,	362
XLV Pouco te vejo	363
XLVI À luz de vela tremem os meus anos	364
Elegia a uma Santa	365
A História da Ovelhinha	366
Cãozinho de Neve	368
Sono	370
Natal	371
Comunhão	374
Noite Muda	375
Chuva Verde	376
Meu Quintal	377
Lamento	378
Sintaxe de Apoio	379
Pássaro	380

Arma Branca

Poema-Introdução	385
Latifúndio	386
Limite	387
Noturno Absurdo	388
Intenção	389
Profecia dos Lobos	391
De como Viver sem Dono	393

Sangue Novo	395
Oração ao Cristo Povo	396
Acalanto aos Filhos do Morro	398
Canto Maduro	399
Ladainha Circular	400
Anão de Fome	401
Aos Cidadãos da Cidade	402
À Margem	404
Pelada Inapelável	405
Refrão	407
Quem Planta não Come	408
Condenação às Falas	409
Até quando Cantilina...	410
Dia da Independência Pendente	411
Plataforma Eleitoral	412
Tarefa	414
Espantalhos de Carne	415
Em Marcha	416
Versus	418
Torneio	420
O Logro da História	421
Canto da Lua Avara	422
Noite Muda	423
Do Meu	424
Coradouro	425
Cio	426
Cismas do Mar	427
Morbidez	428

Patriotismo.. 429
Vocação 431
Descobrimento do Brasil................................. 432
    1 Bra-bra-bra-bra 432
    2 Calma! 435
    3 Mar 436
    4 Lota, lota o coração 437
    5 Carnaval? Revolução? 438
    6 Cala-te boca 439
    7 Sol 440
    8 Não se mova! 441
    9 O crédito sem teto 442
    10 Tira, tira, Tiradentes 443
    11 Cada macaco no seu galho 444
    12 Brasil 446
    13 Bra-bra-bra-bra-siiiil! 448
Os Vigilantes Rodoviários 449
Amanho 450
Os Contra-Homens 451
Tiradentes 452
Liberdade.. 454
É Noite 457
Diário do Funcionário 459
Castração e Morte do Verso Livre..................... 462
Rodeio sem Rodeios 463
Noturno 464
Direitos 466
Profecia... 467

A Dialética do Lar 468
Tão Longe 470
Urca 471
Receita 472
Fastio 473
Coisas 474
Idílio Cósmico 476
Fim 477
Enigma 478
Circulación 479
Mañana 480

Obras do Autor 483

Nota Editorial

Quando jovem, Fernando Fortes foi convidado por Mário Faustino para colaborar no "Suplemento Dominical" do *Jornal do Brasil*. Depois, seria homenageado como poeta pela Universidade Gama Filho. Cada vez mais admirado por extenso espectro de leitores, recebeu prêmios no Brasil e publicou poemas no exterior. Sua poesia funda-se em amplo acervo técnico e em fina sensibilidade para os grandes temas da existência. Apegado à dinâmica das formas, domina com a mesma maestria o verso livre e o tradicional, acompanhando com singularidade os grandes momentos da poesia no século XX, tanto no Brasil quanto nas Américas e na Europa.

De Olho na Morte e Antes contém a poesia quase completa de Fernando Fortes. Como sugere o título, o presente volume reúne livros publicados antes de *De Olho na Morte*, inédito até o momento. Os dados completos da obra em prosa e dos versos não contemplados na presente edição podem ser consultados na bibliografia geral do autor, disponibilizada no final do volume. Em qualquer página desta obra, o leitor perceberá a força de um poeta tão vibrante quanto revelador.

Nascido em 1936 no Rio de Janeiro, Fernando Fortes formou-se pela Escola de Medicina e Cirurgia do Rio de Janeiro, tendo se dedicado com particular interesse à psicanálise. Trabalhou durante trinta anos no Serviço Público Federal, na divisão de Saúde Mental. Foi membro da Sociedade Psicanalítica Internacional.

De Olho na Morte
1980-2010

À memória de meu filho
João Marcos

descarte

Penso, logo, desisto.

A vida é um truque da morte.

*Muere entre las estrellas
como la luna entre ellas*

Sinais de Vida no Planeta Morte

Antonio Carlos Secchin

De Olho na Morte é o sexto livro de poemas de Fernando Fortes, autor (releve-se o paradoxo) integrante e dissidente da floração poética dos anos 1960 em nosso país. Integrante na medida em que alguns de seus primeiros textos acompanharam de perto as diretrizes do concretismo, em seu desdobramento carioca (*Poemas Neoconcretos*, 1959), e dissidente porque, de modo gradativo, soube desmarcar-se tanto do vanguardismo que abriu a década quanto do populismo algo ingênuo e bem-intencionado que o sucedeu. Com efeito, a palavra de Fortes logo tendeu a aprofundar-se no drama humano não naquilo que ele contém de "história coletiva", digamos, mas naquilo que repercute, dolorosamente, no corpo e no espírito do indivíduo. A maturidade dessas reflexões, cultivadas em mais de quarenta anos de exercício lírico (sem esquecer as incursões de Fernando na ficção, no ensaísmo e na dramaturgia), revela--se superiormente realizada neste *De Olho na Morte*.

Mas de que morte se trata, e que olho a olha? Extinção física, sem dúvida, mas também simbólica, de tudo que, na vida, em nós fenece, como restos e cinzas empilhadas na memória. E o olhar desenganado do homem colhe da matéria extinta ou extinguível o mote que abastecerá o poeta em suas anticelebrações da existência, em especial no que tange ao corpo e as suas mazelas. Não há complacência ou autocomiseração na palavra de Fernando: basta ler, entre tantos outros textos, "Ainda", "O

Enigma dos Velhos", "Relatividade" e "Perplexidade" ("Foste traído: a vida era só isso. / Olha para a morte que chegou"), além do belo poema que dá título ao livro, com seu fluxo de imagens portadoras de áspera negatividade – atenuada embora pela esperança acesa em seu final ("Nada é em vão, tudo contém seu uso / tal como a ação dos corpos vem do fuso / que move a lua e move o coração").

O que predomina, todavia, é a visão do ser humano desconhecido de si mesmo, mera engrenagem, encaixada entre um passado perdido e um futuro sem alento ("És a um tempo o velho / e a criança enrugada"). O desespero da vida desemboca, por outro lado, numa estoica aceitação de seu término, conforme se lê em "Aspereza" ("a morte / instrumento da paz"), em "Translação" ("o rosto calmo da morte") e nos derradeiros versos de "Fado" ("breve há de chegar o tempo / em que não amanheceremos mais"). O território de Tânatos – espaço de apaziguamento que, afinal, parece conferir um conclusivo (e irônico) sentido para o fluxo vital – sofre, porém, alguns abalos em sua hegemonia. Contra a morte ressoam os sinais de vida do soneto "Caudaloso", raro momento de vocação erótica no universo de Fernando ("Este meu falo que ama e se ilumina / sobre o langor deste teu corpo cálido"). Ressaltemos ainda a celebração dionisíaca de "Profissão de Fé", de todo oposta ao apostolado bilaquiano, pois imersa na matéria impura da existência, expressa em linguagem avessa a qualquer pompa ("e fui amado, e amei, e fui ouvido / pelos becos, cadelas e amigos –/ cães como eu de coração sem dono, / à procura de um poste para o mijo").

Cúmplice dos descentrados (leiam "Cosmogonia"), ouvinte dos loucos, adepto da infiltração do insólito na miudeza do cotidiano ("Noite Biônica"), Fernando Fortes, lapidarmente, indaga: "De que fome sou cão?". O poeta interroga a sua sorte, no espelho – vida que contém a morte.

Quando a mensagem é endereçada a domicílio errado, costuma retornar ao remetente. Com a autoironia que é de seus melhores traços, Fernando afirma: "Não me entrego, devolvo-me". Neste passo, tratemos de contestá-lo: em vez de devolver-se, que este livro seja encaminhado a todos nós, amantes da poesia, destinatários de seus versos após tantos anos de injustificado silêncio.

Alcance

A solidão é a distância inatingível
de um homem a outro homem
de um mar a uma estrela
do velho à infância.

É também o fio invisível
de um barco à viagem
ou de um barco a uma nuvem
e da nuvem ao naufrágio.

A solidão é o espaço
entre o voo e a liberdade
entre a praia e o horizonte
entre a saudade e o sonho.

Da Origem

Nesta formiga
há um mundo de razões:
Do rigor de sua fila
nasceram as pirâmides do Egito,
da intriga que ela tece
quando encontra sua amiga
nasceu a tradição.

Ainda

Amigo
vais sorrindo e envelhecendo porcamente
feito mal que vingou pela raiz.
Tua semente original
apodreceu na horta do pecado;
o velho tronco ainda é forte
mas tem nos galhos dez netos parasitas
três bisnetos pecos.
Pálida é tua pele como a madrugada
a quem a ruína das rugas
não trouxe qualquer dignidade.
A que viver sofrendo assim
se a morte não te chega?
És duro, tardas muito.
Puderas pedir aos deuses
que abreviassem tua existência.
Mas os deuses são lentos como as nuvens
miúdos como a chuva
pobres como tu.

Causa e Efeito

Não é a desunião
que me desune em muitos,
e sim a falta de unidade.

Não é a infelicidade
que me infelicita,
mas certa ausência de razão
para ser feliz.

Não é a dor ou a doença
que me tornam doente,
é a simples impotência
para o gozo da saúde.

Não é a morte
que me faz mortal,
mas o medo de viver
como se fora eterno.

O Músico

Quando se lembra de ficar sozinho
e se despoja de todos os seus trajes
o homem regressa ao fundo de si mesmo
e sua alegria é fonte luminosa
aura serena do semblante claro
que se irradia em volta de seu rosto;
nenhum desgosto lhe anuvia a fronte
nem de paixão seu coração se exalta
de nada sente falta, nada esconde
a solidão do homem que se cala;
de sua sala evola-se uma música
como uma nuvem úmida de água
que se derrama em forma de uma chuva
sobre o silêncio manso de uma casa:
nem a palavra emprega, nem escuta
outra palavra amiga que lhe fala
e nem se sabe ao certo quem se oculta
sob o manto da música que embala.

O Enigma dos Velhos

O tempo dos velhos é lento
como o sangue escuro que corre em suas veias;
a voz dos velhos é suja e repassada de gosmas;
a vista, longínqua e branca
como as nuvens ao amanhecer.
Os velhos já não ouvem a algazarra das crianças
escutam o além e dormem
ou tateiam lembranças imprecisas;
o paladar dos velhos é fruta de infância;
o olfato, capim – cheiroso esquecido na gaveta.
Os velhos já não pensam, só respiram,
carregam consigo o âmago das coisas
como as plantas, os bichos, a montanha
na paisagem que o acaso desenhou.

Maré

Vem comigo
aperta a minha mão.
O mar é incansável:
Vê só como respira
pelos poros da pele,
quando ondula
na cópula imensa
o nosso amor.
É mar o beijo
que se eleva
em riso de espumas,
é alegria do sal
que se evapora em ar,
dossel e berço que acalanta,
água encantada em céu
fiando o luar.
E o ardor da vaga
que esmorece
cresce e naufraga
sob o teu lençol.

ESSÊNCIAS

A casa da loucura é o pensamento
como a do vento é a alma
a da luz a dor.

A casa da aventura é o espaço
a da água a nuvem
a da criatura o chão.

A casa da liberdade é a dúvida
a do fogo a pedra
a do silêncio a ação.

A casa do sol é o horizonte
a do infinito o azul
da solidão o eco.

Pôquer

Os olhos perplexos do homenzinho
parado na esquina
pedem contas à vida má
aguardam um troco qualquer que não veio.
Ah! o vício da esperança
a eterna mentira que não se regenera.
Ele se sabe perdido desde o início
mas duvida, de pura covardia.
Vão passando pela rua indiferentes
os parceiros da vida.
Estende o braço, abre sua mão vazia,
aposta uma esmola e perde:
A morte é uma sequência de espadas.

CONTRADIÇÃO

Que menino é o homem já de barbas
tão distraído entrando na velhice?
Se ele se visse moço, sendo velho,
como seria então sua velhice?

Que sorriso amarelo ele usaria
no minério da vida, em suas rugas,
que inútil luta dissimularia
na busca de uma infância que fugia?

Velho não era, jovem não podia
ser o seu corpo grave e deletério
nalma criança que lhe renascia.

Homem Triste

Todas as noites
no fundo do bar
a uma mesa
bebo solidão.
Quem passa e me vê
da calçada
pensa que gozo
a pausa da vida
a faina que o tempo
no escuro amortalhou.
Ninguém percebe
que o queixo apoiado na mão
é a tristeza que cansou
e adormeceu.

De Olho na Morte

I

A noite embuça os gestos
disfarça as carícias em volutas
de fumo e solidão.
Nunca se entrega quem trafega a noite:
aos goles engolfa-se no álcool
no calor do íntimo veneno
se preserva da carência, só menino,
chocando o ovo da treva
germinando malícias –
o vício do sonho esvaziado e goro
nas primícias do pecado que sepulta a origem –
sombra antiga da loucura sem matrizes
ocultando doçuras, cicatrizes falsas
rasura da tristeza no sorriso
de velhas meretrizes –
capa escura
guarda-chuva de mágoas e bueiros
escorridos de água parda –
a morte que tarda nas horas sem conta

madrugada que amedronta os mendigos ao relento
lento pingar da sopa imunda sobre a barba negra
névoa que resvala enregelando os corpos –
batalha de farras
ressaca de porre nas garrafas:
a máscara oca dos olhos sem órbita
boca sonsa, língua solta de voz rouca
arremedo de alegria devorando o medo
segredo da lembrança amarga
gosto azedo da culpa e da ameaça
descarga de vômito no vaso de fezes
reveses de beijos e adeuses –
o monstro recôndito das massas
verberando zonzas
cuspindo a pedra das palavras
expulsando os demônios a murros e rasteiras
tropelias de sapatos e vidros
palhaços doidos rodopiando
no espelho feérico do bar –
agonias possessas, avessas ao perdão.

II

As rochas emergem das águas suas coxas de pedra
o mundo é novo, as aves nem respiram
ondas multiplicam o mar, sopram os ventos
nuvens são tempos que passam sonhando –
gigantescos cenários que se movimentam
no teatro dos séculos.
Só a paisagem existe no horizonte
ainda puro de edifícios e pontes
nunca vistos ao longe –
só as serras alteiam seu perfil de gume
entre as estrelas –
os lumes conquistando com asperezas
as raízes fincadas no oceano
banhadas suas fraldas das espumas meninas –
renda branca a ondular travessa
o corpo maciço revelado ao vento
no vaivém das águas
sobre ancas e anáguas.

III

Triste é lutar contra a velhice —
essa mesmice da vida que passeia
cansada de durar-se
perverter-se em bebedeiras
enseadas noturnas
orgulho de venetas e surpresas
buscando acorrentar vícios do tempo:
a ruga dos minutos
os venenos do menino morto
mas atento aos interesses mais urgentes do conflito
ansiando perpetuar-se
acima do indivíduo ou do ambiente
na cruel serenidade do infinito —
céu bonito de papel, luz de metal,
Deus vivo no demônio, prejuízo,
idôneo abismo da morte natural:
o aparelho do corpo já cansado
circuito de neurônios corrompidos
pela fita muito usada de pensar

transístores repetindo puerícias
acumulando inúteis dados na memória
perorando perguntas
babando na camisa
puindo colarinhos encardidos
mastigando desdentado a ruína de um bife
a carne arrependida de um mau passo
perna perrengue amparada por bengala
saudade dos momentos outrora consumidos
no prazer de uma outra carne –
gravata torta, cinto frouxo, cueca borrada,
dente podre, unha amarela,
homem mambembe a lamber pito apagado
o cabelo já ralo e quebradiço
despenteando a caveira dolorosa
de ócios mal vividos
de negócios e feitiços
a lombriga do pênis encolhido
entre as trêmulas virilhas
bunda murcha arrastando a carniça das nádegas
boca velha de passa proferindo insultos
balbuciando pensamentos fragmentados
e os olhinhos súplices que esmolam
nem carícias, caridades.
Em que fica esta mania antiga

de semover-se entre os vãos deste museu
itinerando uma relíquia viva
que custa a desviver?
Já não há pressa, a eternidade passa
o velho já morreu, a carcaça é que resta:
Vai se afastando assim devagarinho
se deita, se esquece, se acostuma,
se acalma, oculta-se no chão.

IV

Não há céu, há só ar, coisa nenhuma
depois que a gente morre –
como um bode qualquer que não merece
ser nem expiatório
no transitório acidente do pecado
que não é nunca original, mas simplesmente
uma cadeia que já vem formada
pela harmonia que ninguém conhece
e transparece límpida, ignota
numa remota ordem que acontece.
Nada é em vão, tudo contém seu uso
tal como a ação dos corpos vem do fuso
que move a lua e move o coração:
Tudo já foi e já será de novo
uma perpétua forma em mutação.

Automação

Repete o que aprendeste, o que te ensinaram,
repete todo dia, é a tradição:
Para isto vieste ao mundo.
Só assim a formiga tem graça.
Só assim provarás que estás vivo
que a vida desabrida te tomou
como a máquina que célere funciona
sem se interromper, sem dar explicação.
Dá graças a Deus que o teu coração é uma bomba
que dura e ainda não parou de te ajudar.
Melhor ainda é o cérebro que rumina e ordena
os estímulos recebidos de teus pais e teus avós.
Não indagues, não o canses, não o forces a pensar.
Repete apenas os gestos e exercícios
como aquela ginástica da procriação
que te legaram os teus ancestrais.
És feliz, cumpres um tempo,
realizas uma tarefa, ocupas um lugar.
Não queiras saber mais.

Ex

Querias mudar

querias revoltar o mundo

e o tempo passou

e não mudaste

e o mundo não mudou.

Querias ser irmão

trocar a sorte dos que sofrem

apedrejar a ordem

proteger as plantas

desviar o curso da história

com a tua revolução.

Perdeste os irmãos

ficaste órfão

os que sofriam já não sofrem

a ordem os silenciou

e se manteve intata.

Deceparam as árvores

os anos passaram

a marcha da história
cobriu de poeira
teu velho ideal.

Já não te comovem as injustiças
te acostumaste à dor
a todos sobreviveste.
Estás velho, cansado e só
mas queres continuar.

Prece

Senhor, concede-me esta manhã
para que eu reze e me arrependa
de todos os pecados –
me humilhe na concha da solidão.
Não quero o consolo das palavras
o favor da riqueza, o público aplauso.
Amo a tristeza sem dó
e o silêncio sem fereza da morte sob o pó.
Dá-me a verdade das pedras sem voz
que jazem sós no chão da natureza.

Profissão de Fé

à turma do Beco

Juiz de Fora, Juiz de Fora, e eu tão por dentro:
onde cheguei – corrido cão vadio –
com a coragem medrosa dos latidos,
e fui amado, e amei, e fui ouvido
pelos becos, cadelas e amigos –
cães como eu de coração sem dono,
à procura de um poste para o mijo,
uma resposta, o riso vira-lata
que se desata em fúria de matilha
por onde brilha o orgulho dos instintos,
o direito ordinário de ser horda,
de feder sua merda ou sua rosa
aos olfatos de certos inimigos.
Juiz de Fora, terra nossa, meu enredo,
arremedo de origem inventada,
degredo onde sou livre, onde me excedo,
sem medo de vertigens e segredos:
Aqui, entre teus serros, no teu vale,
na eterna contradança dos meus erros,
vale a vida no tempo, a morte é baile.

Corpo-a-corpo

Corpo cansado
corpo parado
desesperado de guardar o peso
de manter diálogo
a qualquer preço
erigir o falo
corpo danado de discórdias
corpo tão glabro
que duvidoso
corpo balofo
baleado de borco
corpo flácido
enxundioso
grávido de bebida no poço
corpo ainda moço
porém lasso
e sem vontade
ocioso
corpo suado
que apenas respira
pedaço de vida

ocupando espaço
porco de braços
em estado de graça
correndo na praia
fazendo ginástica
corpo só corpo
na morte sem alma.

Relatividade

Por que morres assim indiferente
ao ato de viver?
Não vês que a vida passa
e tens somente alguns momentos a ganhar?
Agarra-te no tempo
no tempo em que te sintas
um simples paciente do prazer.
A morte não é mais que uma doença oculta
por trás de tua estúpida saúde.
Vais morrer, não já, daqui a pouco, um dia,
mas enquanto duras
ainda há tempo de gozar
alguns momentos de imortal beleza:
de ser Deus para depois não ser.

O Traidor

Descerra as pálpebras o morto
e ressuscita.
Talvez nem tenha morrido
e esteja apenas fingindo que acabou
entre cravos e coroas.
Soergue-se do caixão
esboça um riso de quem tudo sabe
tira do bolso um cigarro
acende e parte abrindo passagem
entre os circunstantes ofendidos.
Queriam-no morto
a isto se acostumaram
para isto se vestiram
se pentearam, azar.
Vão carpir a vovozinha
está mais vivo e não abre
nem mora em buraco fundo.
Bate as mãos tirando a terra
e sai pelo cemitério
solene como um demônio
em negro traje a rigor.

Vai para a farra beber
comer e fazer amor
deixando viúva e filhos
sem culpa e sem domicílio.

Cosmogonia

No silêncio da noite o louco escuta
os imóveis movimentos do cosmo
onde gravita a imensa máquina celeste.
Seu cérebro aflito morre o tempo de estrelas e planetas,
filtra luzes negras, e os finíssimos sinais das galáxias
uivando no espaço a grande solidão da sua dor.
Inútil negá-lo, convidá-lo ao diálogo e à razão:
Só ele, o louco, é lúcido e tudo percebe
além do pensamento e das palavras.
De que vale dizer o que ninguém mais sente?
Na mudez o louco é a origem da vida:
Os elementos são simples, sem ideias, nada explicam,
como a rocha se deixa estar na terra
e é ela mesma ainda mais só.
O louco ignora o sentido do corpo,
apenas a sombra parada no pátio
se move intimamente à inclinação do sol.
De que duvidar, a quem mentir,
se ele é o astro-rei que esplende e sorri no muro de cal?
A sombra de Deus no pátio do hospício
há de durar eterna.
Por isso o louco há muito se calou.

Pinel

O quarto escuro
a camisa pendurada na cadeira
a maleta escancarada
os livros espalhados sobre a mesa
as meias dentro dos sapatos
ruído de ventilador soprando
revelam que o médico dormiu.
Lá embaixo
os loucos agitados vão cantando
cantigas de roda.
A janela de vidro é imensa
e traz os astros para a cama.
Breve entrará a luz da alvorada
para despertar o médico.
O sol coloca o quarto em ordem
obriga-o a vestir-se e a trabalhar:
o sol faz o médico tratar os loucos.
A saúde dos loucos vem do sol
e das canções pueris.
A chuva é a velhice pingando tristeza
a chuva é a juventude das plantas

aguadas no pátio do hospício.
O café no refeitório
leva os doentinhos a pedir cigarro.
Vestidos de brim cinza
eles se afastam como autômatos
fumegando a fumacinha.
É hora de andar sem rumo
de tomar sol e exibir as vantagens da doença.
Como são mansos e ingênuos os doidinhos.
Um deles me fila um cigarro, outro também.
Deixai vir a mim as criancinhas.

Aspereza

No calo, na ruga,
o gosto do sentimento,
o tempo resignando
acostumando o corpo
ao sofrimento.
O homem na erosão da vida
consumida pelo vento,
o fogo lento das paixões
lavrando a dúvida
e o desalento,
a esperança crua
na carne encarcerada
de alegria,
de onde germina o abandono,
a lágrima, o lamento.
O sonho
– alimento de vigílias –
o remorso
– complemento da ira –
a morte
instrumento da paz.

Translação

Como um menino sério em meio à alegria
como um cego diante do arco-íris
– o rosto molhado pela chuva que se foi –
como uma mesa posta na casa vazia
– a família dispersa por gostos e desgostos –
como um raio de sol ameaçando a tristeza do quarto na penumbra
ou um beijo do amante envenenando a amada.

Se não fosse a noite com bezerros errantes
a noite de elegantes luvas de defunto
com seus frios e neblinas, seus ruídos de silêncio,
que seria sem ela o mistério da luz
sua alegre descida sobre a terra virgem?
E tu, que serias, de que viverias
se ela não viesse enxugar nos teus olhos
aquele triste orvalho?
Se a lua não se fosse quando a noite amanhece
se só existisse o laço da saudade
e a lua não voltasse, mas se despedisse
quando já dormisses
esquecido do espaço que a lua ocupasse?

Como veriam, pois, os astros tua paisagem
e como existiria para além do teu rastro
a dura mão de Deus, a boca sem linguagem
que age sobre ti e os teus irmãos de viagem?
Acaso saberias se és carne ou miragem?

Como um velho idiota em meio à seriedade
como um vidente diante da escuridão –
o rosto calmo da morte.

SILOGISMOS

Não me deixes mentir que estou vivendo:
só sei que vivo porque estou perdendo
só sei da culpa porque me arrependo
só sei da luta porque me defendo.

A dor existe porque estou sofrendo
o tempo existe porque estou passando
existe a noite porque estou dormindo
o amor existe porque estou sonhando
existe a vida porque estou morrendo.

Percepção

À noite as coisas mudas se irradiam
pela espessura densa do lugar
e o íntimo dos corpos se esvazia
e escorre pelas sombras devagar.

A calma aquece o sono da energia
que amadurece as frutas no pomar
e a luz da lua é como uma magia
pousando lenta sobre o longo mar.

Sinto na lâmpada a melancolia
no movimento de se iluminar
tal como a dor aprisionada e fria

de uma paixão capaz de se queimar.
Na escuridão o espaço se alucina
na agonia de nunca se alcançar.

Faz Frio

Hoje quero sonhar
fingir que estou morrendo,
esquecer tudo aquilo que não fui
e gostaria tanto.
Dormir, dormir,
esquecer o que não fui
mas parecia.

Paisagem da Varanda

Meu sítio é alto, é largo, é longe,
tem pacto com o cosmos.
Estrelas e grilos comunicam mensagens indecifráveis,
sapos registram ruídos de corpos celestes
a milhões de anos-luz,
e os pirilampos sinalizam nervosos o campo de pouso.
A noite de lua cheia abre um espaço tão claro
que até parece que Deus vai descer
no meio do jardim.

Manhã

Tens a esfera na mão
e o cavalo na praia,
o tempo é a nuvem
que chove sem parar.
Podes medir teu passo
– o côncavo dos pés
calcando a areia –
marcando a distância
do exercício livre.
Mergulhas –
olhos abertos nágua verde
de amônia, iodo e sal.
As braçadas do nado
levam teu corpo
ao centro do mar
onde flutuas eterno
acima das exigências.
Os barcos repousam ao largo
esquecidos da viagem.
Na praia dormindo te esperam
a camisa e o jornal.

FADO

É velha de mil anos
a penumbra do ancião.
Cada sulco de ruga na pele
guarda a palidez da lua
desmaiando azuladas paixões.
Os olhos de lagarto primevo
passeiam sem luz
sobre a fatalidade das coisas,
cujas sombras aguardam o destino
que virá cumprir-se à hora marcada.
De nada vale refletir-se
no limo da vida
buscando eternizar-se.
Mal se disfarçam do luto
o delíquio das formas.
Não há que iludir-se
em movimentos.
O crepúsculo cerra suas pálpebras
e nos paralisa lentamente:
Breve há de chegar o tempo
em que não amanheceremos mais.

Dia a Dia

Tristeza da família indefesa:
da nobreza do trato à beleza dos filhos
malcriados à mesa,
da família para uso externo ainda coesa
ostentando o eterno recato.
O pai desfalcado da certeza de ser pai
a mulher trocando o sonho pelos fatos
provendo a casa de comida e de limpeza;
e no quintal do coração
a usura e a avareza do perdão.

A vida varrida de mágoa
e sem razão de ser vivida
como vida, maltratada de ilusão.
Fracassa tudo e apesar de tudo
a família se argamassa
em ódio, em astúcia, em união.

Possessão

Quando não tiveres
quando não houver mais remédio
aquele velho mal.

Ah! e a saúde que não chega
o filho que não cresce
a esperança que não morre
e o amor que não passa
não passa de uma mentira
sem graça, quase natural.

O que mais queres é o que não tens.
Por isso ama, ama com fúria, odeia,
e faz do teu coração um corsário
que se apodere de todas as riquezas da terra.

Em verdade, nada é impossível de ser possuído:
Só não é teu o que ainda não imaginaste.

Humilde

Lentamente, lentamente,
olha uma coisinha:
aprende dela o que há em ti
e nunca o perceberas;
pois és também uma coisinha
vista de fora pelas coisas grandes.

Sonhando a Vida

Cada noite que durmo
é como se morresse
e nascesse de novo na manhã da vida;
da vida, sim,
e por que não da vida
se me deram a esperança
dela ser eterna?

AMBIVALÊNCIA

Não é a inércia, é o medo de lutar
é a cautela de quem move um dedo
sem saber se sua vida vai mudar.
Covardia não é, é só desvelo
de não tirar as coisas do lugar
o sentimento estranho de um segredo
que não se sabe como segredar.
Nem raiva, nem fastio, nem desprezo,
é o desejo medroso de gostar.

VERÃO

Na paragem dos olhos
contemplo morros e nuvens.

O vento sopra na roupa
voam meus cabelos
cresta-se a pele no sol.

Cão, passarinho, cigarra,
inundam de sons o azul.

Da relva onde me deito imóvel
o tempo sorrindo passa
e me dá adeus.

Que faço eu no baile da vida
se não sei dançar?

Noite de Inverno

À noite sozinho
na casa, no quarto, na cama,
o corpo quente embaixo das cobertas
lua cheia entrando pela claraboia;
a respiração é um fio
o coração bate baixinho
amansado de paixões.

Será a criança nascendo
no velho que morre?

Em que berço distante
flutua o menino
que ilumina esta noite
a luz de vela?

Na fronha da nuvem
que menino sonhou-se
o velho que dorme?

LEME

Quem teme o Leme, o Leme, este horizonte,
O mastodonte desta pedra enorme
Que agora dorme a sua paz de monte
Sobre a grandeza deste céu que morre?

Quem teme o porre neste bar defronte
Bebendo à fonte desta tarde jovem
Que se descobre neste céu tão longe
E já responde ao eco desta morte?

Morte tão grande que a traguei num copo
Do mesmo modo que traguei a vida
Pelas esquinas de um destino inócuo,

Que hoje só toco e que amanhã termina
Na mesma sina deste mal que invoco
Para morrer sem leme e sem rotina.

Orgulho

Nada te dou, nem te darei, o orgulho
Me impede de saber o quanto valho,
Eu para mim não sou mais que um baralho
Que foi jogado mas não teve trunfo.

Quero mentir, quero ocultar que falho
Sem parecer que ralho e que me embrulho,
Perco sorrindo e nunca me atrapalho
Chorando espalho todo o meu triunfo.

Nada te empresto, nem minha desgraça
Quero te dar, que esta desgraça é minha,
Como é tão minha a dor que me traspassa.

Quero que saibas como são mesquinhas
Todas as uvas que pisei nas vinhas
Todos os vinhos que tomei nas taças.

Nuvens

Sombras da noite que passam
acorrentadas pela escuridão

inúteis utensílios metafísicos
propostos à contemplação

lassos colossos sem som:
só ritmo.

Paisagem da Baía

A bússola sobre o mar
a nuvem sob o sonho,
jardim de barcos florescendo
calmos, na manhã, à linha d'água.
Na moldura da janela
o homem de pijama cisma na viagem
que jamais empreenderá:
da varanda ao fim do mundo.

Caligem

Noite, prato de solidão carbonizado,
bagaços de nuvem espalhados
como restos de devoração,
fome negra da ceia.

A mão de Deus armou tua cilada:
Jaz de bruços a vida
e nunca há de o silêncio
dizer se nos ouvia.

ADEUS

Essa vela que te leva
no fio do oceano
ao sorriso do horizonte,

essa lua que ondula como valsa
nas águas da noite
ao som dos ventos violinos,

essa fuga sem pressa que cometes
entre peixes e estrelas,

são disfarces da vida
na viagem sem volta.

Perplexidade

Olha para a vida que passou
para o que não fizeste
para o amor que não vingou.

Olha para os olhos no espelho:
há neles a loucura e o medo de estar só.

És velho e já não choras
nem ousas mais sonhar que eras menino.

Nada ficou por baixo do sorriso
que o tempo desfez.

Foste traído: a vida era só isso.
Olha para a morte que chegou.

Noite Biônica

A montanha está dormindo
sua maldade de pedra.
Sapos, corujas e grilos
veraneiam no jardim
à luz da lua;
amadruguece no Imbuí.
Galos roufenhos duelam
antecipando a alvorada,
roncam os jardineiros do parque
agasalhados por litros de pinga.
Mais tarde, os filhos irão à escola
devorar o prato de comida;
as mulheres lavarão roupa
ao som do rádio mais alto
e palrarão criticando mulheres
para outras mulheres.
Agora não, agora a lua cheia
clareia a grama como um holofote
anunciando a vinda do Messias.
Fico fumando, à espera, na varanda gélida.
A família ficou no Rio e eu fiquei só

Um gole de vinho, um cigarro a mais
desfiando a solidão.
Não há o que ler, escrever ou pensar.
Tudo é inútil, o sono não veio.
Podia tomar um porre e dormir
mas a garrafa secou
e o frio engoliu o porre.
Boquejo, com volúpia, o último cigarro.
Breve, vai raiar no céu a liberdade
não em mim.
Quando estava no Rio, ensopado de suor
sonhei com este clima, este sossego,
e agora não sonho porque não posso dormir.
Sozinho, na varanda, jazo vivo
com pena de mim mesmo –
vivo e só, na noite serrana
às portas do dia e do século XXI.
Passam nuvens como fezes encantadas
uivam ao longe os cães enlouquecidos.
Rebusco as estrelas imersas no vácuo da escuridão.
Meu Deus, como tarda o disco voador.

CETICISMO

Amanhã acordarei como hoje
depois de amanhã como ontem
e um dia não acordarei.
Mas antes, terei de acordar por muitos dias
em que me agradaria dormir.
Depois, de que vale não dormir
se não posso acordar para sempre?
Melhor que dormir
é esquecer de acordar.

Medo

Ó medo, velho medo, medo amigo
misericordioso medo de mim mesmo,
por que amo sofrer-te assim a esmo
sem erros que me levem ao castigo?

De que inventada culpa, em que perigos,
me abismo sobre a face deste espelho
que eu mesmo já não sou nem me asssemelho
ao rosto que reflete o meu sorriso?

Pobre medo menino, o teu enredo
é uma história que busca um paraíso
em cujo afago se afogou narciso
e nunca mais transpareceu no lago.

Singradura

À margem da varanda passa a rua:
desce as escadas, joga-se no mar
o velho banhista –
úmido da luz crepuscular
a sua carne murcha no tempo
entristecida pelo vício de nadar sem rumo
e desaparecer na linha do horizonte
como um Deus que dividisse o mar.

Lonjura

Pura, eras pura,
pura como alguém que jura uma verdade
sem saber que é mentira com ternura;
pura como a coragem de quem se faz ao mar
sem certeza de lograr o tesouro que procura;
pura, pura e cega como tua loucura.

Raiz da Dor

Chora o que foi sonhado e foi perdido,
o que não foi sonhado e se perdeu;
e mais do que tudo chora
o que nunca foi sonhado e nunca foi perdido.

Elo Perdido

Os olhos aflitos
do cão faminto
me fitam
implorando compaixão.

Mas nem todo pedido
merece satisfação.

De que fome sou cão?

Quase Dormindo

À noite, na cama,
quase dormindo,
repenso um verso mal escrito
que deixei no rascunho.
Tenho medo de dormir e esquecer
a emenda;
tenho preguiça de sair da cama e emendar,
vou e volto na imaginação.
Melhor o sono que o soneto.

ESTAÇÕES

Acordei como se fosse ontem
e já era amanhã.
Fui embora sem dizer adeus
carregado no colo da imaginação.
Era verão e eu fui inverno
do eterno ao eterno.

Argumento para Morte

Eras assim como quando não serás:
do primeiro ao último minuto
ousavas lamentar o que não foste
na visão inacabada de um sonho
que a vigília interrompeu –
assim, entre o bocejo e a insônia
a memória e o esquecimento.
E a cada noite em que deitavas na cama
para morrer ou fazer amor
te prevenias com orações a Deus.
Surpreendido pela vida
acordavas para recomeçar o dia
em torno das mesmas coisas.
Até hoje as mentiras se repetem
com raras invenções.
És a um tempo o velho
e a criança enrugada
mas já não rezas
implorando a salvação.
Teu próprio fim
tem a dignidade do princípio.

Tempestade

Da janela oval de minha sala
contemplo o mar de estanho:
caudalosas ondas derretidas
na gravura de metal.

E o bojo das nuvens
que cobre de escuridão
as traineiras à deriva
é cenário pintado
no palco da imaginação.

O Louco

Noite infinita da loucura
onde começa a solidão:
nenhuma ânsia de procura
nem mesmo pressa, só ternura
de não ser mais –
de estar além dos que lá estão.
Pois se as estrelas já não brilham
de que lhe vale então ser bom
se a sua ideia já não cabe
no firmamento da razão?

Resignação

A sombra do tempo
segue adiante de ti.
Inútil tentar alcançá-la
fingir que a não vês.
Deixe que ela te ensine
o caminho da casa
que te guie amiga
ao leito da terra.

Caudaloso

Não digas nada, que os teus olhos falam,
Trescalam coisas que a paixão cogita,
Palpita a vida que as razões abalam
Calam desejos que a vontade hesita.

Por teu olor de sândalo resvalo
Este meu falo que ama e se ilumina
Sobre o langor deste teu corpo cálido
Cujo verdor o orvalho mais germina.

Em teus pudores de menina casta
Nascem rubores, flores sobre a vasta
Campina branca do teu ventre baldo.

Duas colinas altas são teus seios
Cheios de anseios e abundantes caldos
Que saciar-me neles não receio.

A Bolsa é a Vida

A dor escapa ao logro pelo lucro
mas não escapa o louco de seu núcleo
de mágica mentira feita em jogo
que se disfarça no sabor de um truque
ou de trapaça, arroubo de ser cúmplice
desse tesouro desvairado em ciúme
de um outro ganho que pertence ao príncipe
e não é nada mais do que um engano
da humana sanha de vencer os números
e os algarismos de uma nova síntese
que se resume no prazer insano
de conquistar todo poder do mundo.
E quando chega a se juntar tanto ouro
não há desdouro mas respeito ao crime.

Perdismo

Perder, perder sempre,
ficar ao lado dos vencidos,
dos jogadores incuráveis de azar.
Submeter a derrota
ao orgulho do fracasso
escapar ao logro da fé
ao arrependimento irresponsável
à vida eterna, etcoetera, etcoetera.
Amar a estupidez
da morte inesperada
dormir, sem dor, no chão.

El Asceta

El deseo de ser solo
el orgullo de vencerse
la vanidad de ser bueno
el coraje de partir
sin lograr lo que no ha buscado.

Misterio

No busques a la muerte
en los horizontes de la tarde
o en la nocturna bóveda celeste.
La raíz de la muerte
crece silenciosa en tus entrañas.
Cierra tus ojos y la verás:
Morir es mirar adentro.

Ser o no Ser

La ley sostenía al hombre
el hombre sostenía la lucha
la lucha sostenía la razón.

Pero la razón no se sostuvo
la ley no sostuvo al hombre
el hombre no sostuvo la lucha.

Autorretrato

Quando amo não amo
engano-me nos outros
e se tramo não amo:
não me entrego, devolvo-me.

Eu sou aquele corpo
por sobre o qual me lanço
nas caras do seu gozo
me busco e não me alcanço.

Quando sofro não sofro
padeço-me nos danos
de algum alheio choro.

Sou ambos me ocultando
do que traio e do que roubo
e o que roubo não ganho.

Prece à Agnes

Para onde fores eu irei
em teus braços me consolarei;
se me mentires te crerei
se me fugires
se me traíres
se me humilhares
se não me quiseres –
te perdoarei
te salvarei
te adorarei
onde estiveres

O Louco e o Mar

Acolhe no íntimo do búzio o velho mar
deixa-o invadir de sonhos tua carne calma
em movimentos de ondas longínquas na memória,
ondas que fazem reviver lembranças frescas,
ou correr a ventania pelos labirintos inundados de sal.
Não vês que o velho mar renova a praia morta,
que lambe com ternura os poros das areias
qual branco pergaminho onde se conta a História?
Que importa que não saibas o que dizem as marés
se assim mesmo elas narram seus naufrágios,
se lavam e expulsam remos e ossos
renascendo ao musical compasso?
E as armas e vestes que o orgasmo das ressacas deu à luz
são fetos de procelas abortados pelo mar feroz,
são troféus destroçados de oceanos,
remotos prantos de anônimos heróis.

VIDA

O tempo passa sem pressa, nada acontece;
o menino anoiteceu e fez-se herói vencido,
o horizonte estilhaçou-se na retina
e as ambições do homem já não cabem
nos sonhos que o menino tinha.
O passado ficou longe, o presente é só uma pista
de que o futuro perdeu o rastro.
Vida, vida, cada esperança, uma vitória perdida.

Esteios

Sem curiosidade e dúvida,
certeza não é verdade
vontade não é segura;

sem curiosidade e dúvida,
a arte não se aventura
o poeta não dura;

nem remoça a eternidade
no verso e na travessura,
sem curiosidade e dúvida.

Balada de um Náufrago

Viajar, viajar,
cruzar os mares,
perseguir o tempo
em movimento circular.

Viajar, viajar,
partir para não voltar.

E quando a noite cair
e quando o tempo acabar,
só haverá o vento,
o vento solto no mar.

Canção das Aias

À meia-noite ao luar
as aias se vão ao mar
para o seu corpo banhar

e na manhã do arrebol
as aias se vão ao sol
para os meninos doirar.

As aias se vão à praia
e se põem a namorar
os moços de sua laia

com quem depois vão deitar;
e se esquecem dos meninos
e os deixam sós a brincar

e rodam a sua saia
para na areia assentar;
e os meninos brincam rindo

no seu alegre folgar
a água salgada do balde
na areia branca do mar.

À meia-noite ao luar
as aias se vão ao mar
para o seu corpo salgar.

Das Migrações

Por que migram as aves e baleias de tão longe
em sua viagem de volta?
peixes que escalam cordilheiras d'água
buscando exaustos a raiz do rio,
por que migram os peixes afinal?
Será que o rumo deles perseguido,
é uma exigência da procriação?
ou como os homens, no rigor da vida,
eles regressam ao prazer antigo
para morrer mais perto de sua dor?

Biombo

O veludo vertical
cai dos ombros
de Artemísia
dedos estriados
pela luva-noite

    épura

    pelúcia

Nariz correto
perfil de hipotenusa
Face

    frontispício

oblonga
fresca

    moringa.

URCA

Minha janela é uma barca
por onde me inclino ao mar
as nuvens no céu são arcas
onde a luz vem se guardar.

Não há procelas amargas
nem cartas de marear
nem amores de donzelas
que me façam naufragar.

Dedo de Deus, Serra do Órgãos
cordão de barcos a vela
da janela de minha casa
tem Cristo adorando o mar.

APARÊNCIAS

Tua vida é frouxa e sem desejos,
quase conformada;
inútil como um beijo
sem o compromisso do amor;
o engano de tua vida
é fingir que se entrega
para não ser roubada.

MARATONA

De manhã cedo, domingo,
o corre-corre dos velhinhos
arrastando-se escrupulosamente
pelo passeio público,
esticando vida na névoa branca.
Que espectros são esses?
E o guarda, que interrompe o trânsito, responde:
É a última corrida em direção ao cemitério.

Cativo de Si

Por que viver
se já não amas?
Por que amar
se não te ama ninguém?
Mas se não te amam
é que não te amas mais;
e se preferes não te amar a que te amem
para não ter de dar o amor que tens,
deita na cama e deixa-te morrer
como um refém qualquer.

Despejo

Vai se deixando levar, só isso;
ele sabe que ali não é seu lugar;
é preciso mudar de casa:
da terra para outro andar.

Mecânica Celeste

O suicida traz ao chão os astros,
puxa do céu os cordéis da vida.

O Peso dos Anos

No dia de teu aniversário
comemoras a morte de mais um ano,
um ano queimado nas velas
que te aproximarão do calor da família,
celebrando, em vão, mais uma recorde de permanência
enquanto a morte te come pelas beiradas.
Que é o ano, senão uma sucessão de dias esquecidos
de te manterem plenamente vivo, enquanto passam?
E que dizer das horas consumidas
em memória da primeira infância?
Se mais vivo hoje pareces,
nesta festa em tua homenagem,
é que esqueceste de agradecer
o não comparecimento da morte
antecipada aos teus dias sem futuro.

Ultrapassagem

Que é feito do tempo das lembranças,
do meu tempo assim particular?
Eu vejo o tempo passar correndo
e fugir para tão longe
que o futuro ficou velho,
nem sabe quem são seus pais.
Esta árvore, por exemplo,
que mão plantou sua semente,
fez brotar um pensamento
cujos frutos não dão mais?
Vê? tua morte te olha ali defronte:
Que importa o amanhã, se já és ontem?

Anátema

A vida não vale nada,
o mundo vai se acabar,
de dois mil não passará.

As obras, filhos e netos,
a mulher e outros objetos,
tudo no fundo do mar.

Se acaso não for verdade,
a vida acaba mais tarde
e morto também não sabe,

que Deus, que diabo lhe cabe.

Inutilidade

Não adianta amar
clamar
reclamar
sofrer.
Também adianta não,
viver sobre
sobreviver;
nem chorar
dormir com,
padecer
com-padecer.
Ir para o céu
sub-ir,
adianta?
Não, nada nunca adianta.
Só adianta morrer
só.

SOFISMA

Ao cabo da vida
cessarão todas as ânsias,
a Deus não mais se buscará:
Seremos nada e, nada sendo,
nada nos faltará.

Desolação

E quando estiveres voltando
cansado de mãos vazias,
saberás que não sabias
que a vida não era aquilo
que estavas imaginando.

JOÃOZINHO

Meu filho não morreu
meu filho vai voltar,
do leito do rio
das ondas do mar;
meu filho perdido
de noite há de chegar:
alegre, falante, rindo,
branquinho como o luar.

Joãozinho 2

O que sobrou de mim
com a morte do meu filho?
O rio, a torrente, as pedras, o vazio.

Vigília

Todos os dias
espero meu filho
e ele não torna;

que viagem longínqua
o levou para fora?

Espero meu filho,
tão longe de mim
tão perto da volta:

meu filho partiu
mas não foi embora.

Ressurreição

Já não sofro a vida
meu filho voltou,
no gesto, na fala,
no nado, no amor;
sou ele na água
sou ele na dor,
meu filho morrido
nascido já sou;
quando ele me fala
fui eu quem falou;
por isso não sofro,
porque ele voltou:
meu filho que era
é hoje quem sou.

A Morte

Melhor é não esperá-la
e deixar que ela aconteça,
como se fosse um acaso
ou mágoa da natureza;

sobre o corpo embalsamado
de promessas e tristezas,
de inúteis perseveranças
e esperanças derradeiras.

Melhor é não evitá-la
deixar que ela se ofereça,
como remorso de prece

cujo crime se aborreça:
e assim a vida se acaba
mas a morte permanece.

REVELAÇÃO

Tudo faz sentido:
o ganho e o perdido
a certeza e a dúvida;
o amor mais estranho
se transforma em crime,
se familiariza em ódio e revolta;
e mesmo a velhice
– na morte que avança
como lança em riste –
foi outrora infância,
errância de instintos
e de extintas ânsias.

Transparência

Verde água
branca anágua
água nua
água de água

À Deriva

O navio está com medo
apitando na baía,
a noite é cerrada e fria
sobre o véu de um nevoeiro.

O navio está com medo
e do que ele mais se teme,
é perder o rumo e o leme,
romper-se contra o rochedo.

Por isto o navio apita
e cruza, à noite maldita,
escuro mar em segredo;
o navio está com medo.

Em Segredo

Eu amo você,
mas não diga nada a ninguém,
nem a si mesma.

Eu amo você,
mas finja que não sabe,
como eu não sei.

Pacto

Quando um de nós morrer,
nós sofreremos muito:
como se fosse eu,
e você fosse junto.

Pinguço

O pecado
é um homem triste
de sorriso amarelo;
ele está perdido
passa o dia à toa,
mas pecar é belo
faz a vida boa.

Poema do Ateu

É preciso crer
mesmo que não creias
como quem receia
um dia morrer.

Deus é uma mentira
que inventou o pecado
mata pela ira
vence pelo brado.

Quem campeia a vida
vai viver sem peia
como a lua cheia
que clareia o prado.

Agenda Cultural

Os tempos estão bicudos,
dois bicudos não se beijam,
mas já sobejam os poetas
e bocejam seus leitores;
ou nem sequer abrem livro
comprado no mesmo instante
em que provavam o vinho;
e o colocam numa estante,
esquecido mas limpinho;
e o discurso delirante,
o brilhante no decote,
o dichote cabotino,
o viperino relato,
o charuto, o espalhafato
de outro vate irrelevante,
serão a fome e o fomento
da fama sem documento
desta noite só de autógrafos,
tão retrógrada e tão dentro
das circunstâncias, que sendo
o que não é vai provando

o drinque do esquecimento;
e prova mais, que o pretexto
é muito maior que o texto.

Pranto a um Boêmio da Urca

Morreu o conde Gerard
amigo de copo e de bar,
contava muitas mentiras
e bebia devagar.
Morreu o conde Gerard;
mas quem era, afinal, esse conde,
sem família, sem bonde, sem lar?
O conde falava alto
gostava de se gabar,
vestia-se como nobre
mas vivia ao deus-dará.
Morreu o conde Gerard;
quem dera o conde ficasse
e eu me fosse em seu lugar,
pra outra terra, outro sonho,
outra fuga, outro mar.

Eu Sou?

Eu sou o arquiduque de Arraial,
poeta igual a mim não há;
eu sou o cardeal da Urca,
cuja fé pede desculpa,
por não acreditar em Deus;
eu sou mais eu, sem ser ninguém;
quem adivinhar o que eu sou,
ganha um vintém.

Caixa-Preta

É preciso olhar o morto:
saber se quando morreu
estava alegre ou absorto,
saber o que em sua vida
deu certo ou deu errado,
se deixou fortuna ou dívida,
morreu pobre ou no conforto.
Será que seu corpo amou
e não foi bastante amado?
Será que pediu socorro
do homem que o assaltou?
Olhemos sua caixa-preta:
o que sobrou do acidente
de estar vivo e de repente
atirado a uma sargeta?
certo é que o tempo de areia
escorreu pela ampulheta,
e não se sabe direito
se a morte foi lenta ou súbita.
Mas afinal o que importa
assuntar com tanta astúcia

as razões de sua derrota?
Mistério que o morto deixa
não está no filho ou na viúva:
o que mais vale na morte
é se o morto levou dúvidas.

Magía

La imaginación se ha creado
para que el hombre pueda olvidar
el límite de sus poderes

El pensamiento se desdobra
arriba de las nubes
adonde reina engañoso el placer

Soñar es dormir sonriendo
para iludir a la muerte.

Mar

Mar
mar velho
mar de papiro
mar onde pulsa forte o coração;
quero teu sal, tua vida
o segredo da solidão em teus porões imensos.
Dá-me o uivo dos ventos sobre a epiderme ferida
a mágoa das águas mais fundas;
e as ondas, dá-me o ventre das ondas
redondas, lânguidas, fecundas.

Trajetória do Professor

Jardim
primário
secundário
terciário
quaternário
pós-graduação
mestrado
doutorado
pós-doutorado
phd
pós-phd
POST MORTEM.

SOLILÓQUIO

Acompanhado de meu pensamento
fiquei sozinho mas fiquei por dentro.

Eu não acredito em Deus,
mas Ele acredita em mim.

Tempos e Coisas
1958

À Agnes

Tempos e Coisas

Vou lembrando momentos
de certezas incertas
ressuscito nos tempos
desenterro cavernas

Recomponho esqueletos
na memória das coisas
crio carnes e dedos
de mulheres mui doidas

São de hoje meus sonhos
que cultivo e confesso
e se não os escondo
é que não os detesto

Pensamento esgotado
no desprezo de mão
pensamento é afago
é carinho de cão

Frequento cemitérios
entre fragos miúdos

apagando epitáfios
comovendo viúvos

Que da vida os defuntos
só deixaram espaços
e outros homens imundos
já virão ocupá-los

Nas noites de procelas
as lajes ficam brancas
e as árvores estetas
dançam as sarabandas

E as flores que fenecem
reintegram a pureza
dos mortos que inda fedem
na estranha veste preta

Entre as faces famélicas
faces tuas revejo
reflexão melancólica
numa face de espelho

Na brancura de louça
faces de porcelana

era como se fora
suave rosto de santa

Ao horizontal sentido
lírica imagem morna
em laje de granito
dorme o sono de morta

Já não tem mais desejos
já não vive e não ama
já não guarda segredos
já não tem forma humana

E humanos sacrifícios
prestaram-se a salvá-la
e até os sacrilégios
não sabem se é culpada

Inda o prazer insano
perdoa-se a quem peca
que o pecado profano
se disfarça na reza

Em igrejas antigas
rezam réquiens reais

e às almas proibidas
pede-se abrigo e paz

Tenho na voz o travo
de palavras aflitas
de um só nome aziago
cuspo todas as vidas

E a muitas delibero
se ficam ou se vão
se renascem de um neto
se mulher ou não

Qual deus de onipotência
vou criando sentenças
e em minha discrepância
dito penas tremendas

Nos pátios de palácios
mil guardas me defendem
de uns tantos malefícios
que a mim acaso tentem

De haveres meus sem viço
a alma tenho que sofre

um coração de rico
e a tristeza de um pobre

De que valem mil moedas
sejam de ouro ou de cobre?
Que valor terão elas
depois que o corpo morre?

Serão forma objeto
que ao atrito se gaste
ou simplesmente um prego
fixado em qualquer parte

Pelas correntes claras
esgotei meu sossego
na verdura das matas
não achei paradeiro

Vou cruzando destinos
através das idades
atravesso caminhos
vejo novas imagens

E assim como os coveiros
vou cavando estas rimas

com solene respeito
eu revolvo as ruínas

Eu revolvo e absolvo
os pecados da terra
último ensejo solto
e nada mais me resta

Salmo

Orei um salmo
no altar sagrado
velas acesas
santas estátuas

Palavras firmes
de peito forte
pedra no corpo
alma lavada

Na igreja séria
orei um salmo
e me aplaquei
na paz da cruz

Oratório

1ª Voz

— Prostraram
sobre a dor
as faces lívidas
de treva
prostraram
sobre os muros
de lírios e de pedras
E tão nuvens de incenso
nas paredes frias
castigadas de inverno
frias mais que frias
E tão as criaturas
de dorso cansado
no martírio das causas
em vozes aflitas

2ª Voz

– Não há
nem houve nunca
céu que desse
a tantos corpos
um tamanho abrigo
como as sombras
fraternas
nos altares
mais o chão
da fé
onde se pisa
e sente
a promessa fixa
do mistério
indecifrável

3ª Voz

E tudo foi sossego
Do convívio das rezas
apartaram-se os males
(a memória dos males)
e os corpos das almas
apartou a morte

A Criação

I

Corpos avulsos
povoaram terra
e outros e muitos
vindos de pedras
foram adubos
de ariscas ervas
corpos em tudo
que de si medra

II

Dias havia
dia em que vinham
aves e peixes
lidas de sol
varando nucas
dorsos em suor
e outros houveram
também de chuva
lodo nos brejos
lodo animal
águas se deram

III

Todos os corpos ingraves
num painel de sombras
todos os sonhos esbarram
no acúmulo das lutas
Medrosos de união
os seios de Eva
rombos
como casamatas
de onde se projetam
todos os pecados
Leite feito sangue
de artérias e de crimes
gerando do nada
condição de morte
alimento
nutrindo para a dor
Todos os corpos ingraves
num painel de sombras
todos os sonhos esbarram
no acúmulo das lutas

IV

No início
eram imagens
separadas por fruto
desamparo de gestos
sem amor
contorno de regaço
sem curva
proibição e medo
Seguida eram desejo
e fugas
sexo-dor
até que veio tempo
de distância curta
e possuídos no ódio
o espasmo dos vultos
em eclipse

Tragédia

I

O bode
disfarçado em morte
era parte da terra
cisco
Corpo confuso
aos limites
sem saber o fim
porque tudo é
a mesma sombra
e sempre foi
o mesmo céu
uma dor grande
espalhada no espaço
O bode divino
disfarçado em morte
abarca todas as matérias
no olhar vidrado
eterno

II

O canto do hipócrita
em redor do sono
e o sono não morre
E o sono vigia
em vigília vazia
sem fixidez
o sono vigia
E o canto é triste
solene e triste
em torno de um deus

III

Tudo é princípio
e já não morre
e já não existe
mas também não morre
Mundo humilde
no serviço de honrar
os deuses
tímido holocausto
de corpo deixado
na lama
Catástrofe
de um sacrifício
consumado
a bem dos homens
Resgate de culpa
no canto
dos hipócritas
arrependidos
e as vozes sem fôlego
extintas
no colapso do tempo

Harmonia

Os milagres se cumprem
no rito diário
das coisas
Cheias de alegria
as almas se dispõem
ao amor
secretamente gratas
de terem o que amar

Quietude

No fundo do poço
repousava o balde
suspenso na corda
à flor da água

No eco do poço
havia segredo
assombração
sumiço

Reviria

O quarto de brinquedos
revirado:
avião
cadeira
soldado
boneca
sapatos
e meias
do lado ao avesso

Pandorga

Piruetas de pandorga
encarnada
contra o fundo azul
Nítido hexágono
de taquaras retas
no espaço claro
Novelo branco
desenrolado
na areia branca
Linha oblíqua
sublinhando céu
Rodopio no ar
cauda enroscada
Pandorga livre
escudo de fogo

Zeppelin

Risco de zeppelin
no trajeto espacial
dos ventos
por nuvens
e céu limpo
Brilho ácido
de bojo liso
sobre as praias de sal
Áspero corte
de funil
nas pontas
Bloco de gelo
sereno
planando no ar
Gesto cego
branco
imperceptível

Gato

O gato furtivo
se mira
no espelho
da sala
sem saber
que é o mesmo

Paralelo

Do canteiro
a flor de cheiro
me observa
Minhas roupas
suas pétalas
coisa diversa

Claridade

Azulejos de banheiro
água de pia
fria
mãos lavadas
mãos enxutas
na toalha

Suspense

A mão contida
dispara sobre o alvo
Corda de arco
vibrada
flecha voando cega
em busca da carne
sob a fúria do vértice
Sensação de perigo
inadiável
Olhos ariscos
em semicerro
no cálculo
da medida exata
à espreita do impacto

Perigo

A ponta da estaca
súbita
talvez resolva
o problema
Talvez apare
o corpo exposto
que cai do céu
o obstáculo

Festa

A pulga
está no bolso
do colete preto
a pulga
A coceira
o sintoma
desconforto de inseto

Sal

No chão de sal
a flor deserta
inominada
hostil
Na chama extinta
lágrima
evaporou

Insônia

Retangular
o travesseiro branco
de fronha limpa
repousa na colcha
da cama avessa

Mito

O dragão das sete luas
assusta o sono das crianças
o dragão das sete luas
com sete estrelas no peito
e labaredas na boca
Sob o signo do Zodíaco
o dragão das sete luas
engole espadas de urânio

CRISÁLIDA

A crisálida listrada
desliza medrosa
do casulo obscuro
como novelo
de lã
de onde saísse
agulha

Soma

No balcão
avental vestindo corpo
de olhos inspetores
e bigodes sérios
Cifras se decifram
no cálculo da máquina
Garrafas de cerveja vazias
sobre as mesas do bar
Braço na rotação
de manivela
e os dedos de uma mão
que avalia lucros

POMBA

No alto
do oráculo claro
a pomba branca
o alfinete

No chão limpo
o alpiste
espera pelo bico

Relento

À noite
no pomar da estância
os cedros se alinham
em fileira
– sentinelas
vigiando muros

VEREDA

O trevo austero
desponta
nas pedras
Submersa
raiz
vínculo
secreto à terra

Desamor

As amarras se desatam
no hábito do afeto livre
Noção eterna
do primeiro ímpeto
desfeita
pelo impacto do tempo
e o desapego gradativo
das pessoas
na síncope do sonho

Pesca

Camisa de céu azul
estendida em amplo espaço
aguda ponta de torre
escorada nos penhascos

Praia de risco mais longo
na lisura das areias
afanadas pelo vento
mar singrado de traineiras

E o rosto dos pescadores
esculpido pelas rugas
o corpo duro e paciente
na lenta erosão das lutas

erosão de muitos mares
no peito de cicatrizes
rede quadrada em malhas
que volta vazia e triste

Mas basta a força do sol
azinhavrando as espáduas
para enxugar pouco anzol
vazado de tantas águas

Chumbo

A justa
é livrada
pelos corpos
No tumulto
dos instintos
um braço cego
alveja
o osso nulo

Manhã

De milagre
as espigas florescem
aos pobres
Deslembradas da sorte
as mãos rogadas
se fecham
à esmola

Lascívia

A estátua passiva
desliza lasciva
por longas espáduas

Céu e movimento
suspeitos na sombra
de estáticas águas

Silente

Implícitas
ao homem
as palavras
se calam
na suma
de um tempo
Do símbolo
das coisas
puras
vertem-se
como o milagre
das manhãs

Colheita

Baixam às medas

Tempo de safra

nos campos

Faina

Foice

na sega do trigo

sega do sol

Braços

empunhando feixes

Brisa

moinho

catavento

água

Mirante

A rosa dos ventos
norteia
a revoada
de aves e velas
através do mar
Sagradas de brancura
elas decifram
espaços

Aposta

Os olhos
espreitavam a sorte
A moeda
tilintou no asfalto
e caiu morta
de bruços

Café

Dedo
na asa da caneca
inclinada
Boca
sorvendo o bordo
Susto de gole
na garganta

Fio

As formigas
ordenadas em fila
sobem
o morro agrário
Como rastilho
de pólvora
se encaminham
para o alvo

Feira

No balaio
da quitanda
frutas frescas
laranja temporã
Pendurados ao prego
o bacalhau
a carne-seca
salsichas de sol
na inércia
de preguiças

Passeata

Os ladrilhos da varanda
são losangos vermelhos
Ao corrimão de madeira
se apóiam braços
brancos
escuros
Esperam o que vai passar
ou talvez passasse
àquela hora do dia

Vilarejo

A carreta
estava à sombra
da árvore
desatrelada
sozinha
As rodas
de raios empenados
afundavam num charco
da viela triste

Medieval

Contra o aço
da armadura
golpe breve
se desfere
a lança aguda

Marasmo

O bote de borracha
perdido no oceano
os remos retos
remotos
superfície sinuosa
Dentro
há um homem
apartado das coisas

Livro

As páginas de papel
que o vento espalhou
ficaram à tona d'água
brancas brancas
O conjunto delas
talvez formasse
um livro

Desvelo

Todas as manhãs
a fazenda ela destece
a renda desfia
desanuviam-se as penas
E às noites
assim como ao corpo se despoja
ela se despe
nua de espelhos

Inércia

Os fardos de farinha
empilhados à noite
contra o muro do armazém
dormem pesados
calmos
alimentícios

Liame

A resma
reunida ao sol
Páginas avulsas
despautadas
Caderno de margens
largas
ao nível
no prumo exato

Prata

Cinzas frias
na manhã nublada
As plantas verdes
à sombra
O tronco pardo
na vertical
Só as nuvens
relumeiam
tranquilas
de prata

Uno

Corda
de membros
atados
em nó
sono asfixiado
na pressão
das massas
e o testemunho
dos corpos centrípetos

Delito

As faces excusas
se amontoam
nos umbrais
da porta
Do silêncio
de olhos vigilantes
a morte
se revela
em forma
de mistério

Assalto

Cano de corpo
atravessado
na alameda
Peito varado
de calibre
bolsos expostos
unhas brancas
e uma sombra
que se esquiva
no trânsito da fuga

Furto

Em meio a noite
um homem ermo
escala muros
Linha a se buscar
na fuga
o fio se atravessa
como pesadelo
a sua frente
reto
infindo
triste

Corpo e sombra
galgando trevas
Fúria
de pés e mãos
escalavrados
ao atrito das pedras
Homem desvairadamente
sobreposto a obstáculos
homem mais que homem

devorado de medo
no instante perto
defronta o perigo
e a noite súbita
lhe rouba o vulto

Homicídio em Três Atos

I

As mulheres velavam
o corpo vazio
Eram mulheres
três
que se ligaram
ao morto
E todas o olhavam
sob o mesmo compasso
e todas o beijaram
desacreditadas
de que era
quando ou tempo
Navegando no infortúnio
de velas
vieram pensamentos
projetados de épocas
levadas
lembrados ao desejo
das mentiras
como um quando agora

E no entanto
eram vultos
de imagens sem regresso
o contra-preto
um eco
nada
E no entanto
se firmavam ao chão
como âncora
a mancha da sombra
nas águas fundas
mancha indelével
solteira
E se afaziam às cabeças
e aderiam ao ar
aprisionadas
fingindo o espaço
de um copo desaguado
que conserva o conteúdo
no olfato das paredes lisas
Três mulheres choravam atadas
ao peito mudo
O corpo era vazio e cru
nas tábuas do caixão
o corpo era de vida nu
sem corda e coração

II

Em noite de cama fria
gestos brancos de punhal
varando o sono de dorso
Os fatos sem retorno
na angústia do ato
cumprido
olhos esgaseados
no lençol de sangue
e uma mão que treme
sob indícios de culpa
Arma no braço elevado
contida
pela dúvida dos dedos
Dentes rilhados na dor
sem socorro
nervos convulsos
estertor
suspiro
fim

III

Ódio entre irmãos
e morte
Ciúme de alma
ao desamor
dos corpos
unidos para perda
dos corpos exclusivos
contrapostos a empecilhos
Homem evitado
pelo afeto impermeável
vitimado de invejas
Sempre a perseguição
dos corpos cegos de sexo
e um vestígio de prazer
despercebido
em torno de olhos tristes
Mulher negada a homem
homem oposto a homem
animal contra animal

Os instintos instigados
feridos de extermínio
disfarçados de medo
para um mesmo fim
Subitamente
a paz se achega
através dos movimentos
no sossego dos olhos
Mas ninguém sabe
o segredo
da febre fervendo no sangue
ninguém sente o silêncio
da hora perigosa
E quando afunda a noite
calma tumultua-se em vingança
Mão apertando
o cabo do punhal
golpe de trevas
no rapto da curva
morte

Canto Pluro e Outros Poemas
1958-1967

A meu tio
Celestino Prunes

Canto Pluro

1

Mirai
homens do breu
mirai
a bugre noite
de carimbos
potro cometa
mirai
Corpos
homens de treva
homem
homens de fome
águias
águia de homens
leva
pelo longe
polvilho de astros
alvos cromos
leva aos ombros
da era
tempo afora
leva

2

Em patrulha de éguas
cavalgam de ébano
planetas póstumos
por campos de brim
cavalgam marfim
portando despojos
Nem muros granitos
nem os labirintos
dos anéis saturnos
prometem vestígios
Em dragões invernos
esgueiram-se os lobos
de peles cobertos
e nos bronzes da urna
gravitam os polvos
mil braços de busca
mil laços de ferro

3

Cabalus
arisco signo
em crateras
explode as patas
no escarcéu

4

Tribos
ímpios nativos
tribos
Tribos
tributo de crivos

5

Corsário perigo
de obuses
abalroar dos muros
braços braços
empunhar o toro
arremeter à tranca
braços forçosos braços
centopeia na demanda
em um só gesto
à porta avança
Legiões de lança
que debandam forças
do inimigo invadem
o campo de sabres
e de mortas roupas
que é das guerras arte
sangue dar às coisas

6

Arco
arco de orbe
árvore
sorve
arcas de carne
ave
morre
cárcere

7

Mil varas
mede o céu
mil varas
de ano-luz

8

Morro bem fincado
cem touros de força
sua fauna
cem touros
e bestas de tração

9

Velas em bizel
erguem a tela
de seu pano arcano
Há mais léguas
no raio desta onda
léguas de morte
estrondos
regras de demônio
tréguas
trégua no escombro
da onda

10

Tropa de peixes
tropa
carpe cardume
sopra
fronhas azufres
corta
Leme de cauda
torta
estorva rente
urgente rota
Cortinas marinas
submarinas primas
entradas de cristal
Em ti se perdem neblinas
se dissipam óleos
de navios-tanques
em ti fogem vestígios
de peixes favoritos
em rastilhos finos
Rompam as cortinas
por quilhas de alumínio

rompam em forquilhas
divisor de águas
alvas duplas trilhas
filhas do mesmo fio

11

Árvores correndo
corrida de vento
sugadas por polo
roubadas do oposto
Almas de convento
clérigas calmas
de advento
salvas de silêncio
bentas palmas
de incenso
Ave que no voo
de espaço elevou-se
aves asas plantas
bicos de noite
aves
nas tranças do horizonte

12

Um canto escorre
das tarrafas graves
peixes no arrastão
saltando em feixes
peixes pluriargênteos
afiados sabres

13

Domadas vidas
e domados sopros
potros de brida
rédeas de tesouro
vidas sangueflor
agreste espiga
roçam de amor
as hastes livres
couros
couros no coito
unidos em novelo
peitos de estouro
couro
agouro forte
braços de morte
em laços de garganta
nós artérias
de pescoço
Mas despertam os pulsos
do desastre
os dedos sem vontade

para o roubo
que a carne é grade
e o medo sem coragem
no alvoroço

14

Mãe
lava teu vulto
de treva
esconde o susto
berra
Não cantam bruxas
de luvas
antes desfrutam
do medo
igual sossego
que o da tarde
Mãe
faze-te ao lume
alumbra as árvores
faze-te à luz
que as sombras partem
de onde baixam raios
Mãe
livra-te ao fogo
tuas vestes ardem
na tarde

busca as margens
por socorro
busca as águas
onde se cumprem lodos
Mãe
salva-te ao povo
lava
Pelos rios nadam algas
desfiadas em polvo
banha teu corpo
e desconfia calmas
Há leões-marinhos
há ciladas em volta
Retoma à tábua solta
boia

15

Muitos palmos medem sombras
muitos saltos de onça
ou arames farpados
muita corda espichada
tanta altura de rocha
braços terras cobras
em porções tão numerosas
E não se vê figura
roda cabo estrutura
e nem ao menos nervura
nervura de membro tenso
membradura de martelo
ferro hulha óleos densos
prevê-se esferas avulsas
Ursas Cruzeiro e mais ventos
no resto ofertas confusas
de algum longo pensamento
ideias lobas intrusas
vazias de dividendo
que os espaços formam áreas
onde o perigo é deserto

espaços de ferro em brasa
com incêndios manifestos
e os lumes que se publicam
são por indícios supérfluos

16

Ronda –
agora ronda
o apego da zona
que te serve
ronda
Os olhos fervem
na redoma
olha e bebe
antes que a sede seque
a tua esponja
Não é sábio
quem sorri às pombas
que a sonda
já desponta
nas entranhas
e o bico já recebe
seu quinhão de glândula
Saprófitos rapinos
a todo corvo movem
vazados intestinos

17

Os montes não se atrevem
a manchar de neve
o rebanho de lhamas;
monte vulcão de lavas
banha em lençol as navas
alaga florestas verdes
com teu petróleo de escarpa
Monte figura prostrada
dorso curvo de elefante
corcovos de dromedário —
monte derrama a fronte
pelos degraus de barro;
com brazões de pedra bronze
monte nobreza de conde
e fidalguias de bardo;
tua linhagem de monstro
acrescenta-te gigante —
monte coragem de infante
afronta no peito o sangue
do levante

18

Sempre se empenham as pragas
que alastram males no solo
sempre empregam feras armas
garras que atacam os corpos
em febres de muitas marchas
Vida enterram-te em caixas
os sapatos por espólio

19

Gonzo

mormaço

ouro

baço

corpo

zonzo

preso

passo

Voo

solto

risca

arco

traço

grita

asas

astro

largo

passa

fita

pássaro

Vento

venta

vento

próspero

farto

furta

fogo

fósforo

Ai varandas

ai verão

vento

inventa

vento chão

20

Grande é a nobreza das franjas
e das rendas a urdidura
grande a safra pelas granjas
canteiro de renda as verduras
Já nas eiras se semeiam
grãos de espigas e hortaliças
e nos pomares as uvas
maduram para vindima
que aos lagares pisoteiam
solas de terra encardidas
E as alagadiças gramas
que a chuva tornou chorosas
e as abelhas entre as plantas
frequentam cores de rosas
sacam mel à flor de lança
armados caules exploram
que as colmeias armazenam
perfumes de espada em riste
e dos favos alimentam
rainha de agulhas firmes
a que aos perigos defendam

seus destros ferrões de ourives
qual touro que a fera enfrenta
nas agulhas de seus chifres

21

Assoalho de escovas piaçavas
luzem teu corpo de ceras
por ti derrapam baratas
em batalhas de felpas de vassouras
a ti campo de chão proclamam honras
em teus limpos quebram louças
derramam águas e sedas

22

Pacotes de mão urgente
carregam compras cansadas
de seu peso e de seu preço
nobres prendas a uma data
Passam ruas e barulhos
de seus desígnios alheios
que por trás de tais embrulhos
se disfarçam os pretextos
tão estranhos e tão juntos
esbarram gentes e afetos
na passagem de seus rumos
por encargos mais avessos

23

Mundos –
logros que se emprestam
gesto de roubo
fenestra
as mangas do sogro
Vestes –
furto de soldo
na pele
Mundos –
rolam frutos de ouro
mal ocultos
rolam dos panos frouxos
do intruso
em denúncia aberta
de sequestro
Pela terra se anunciam
candelabros de flandres
e o infante malsinado
que os tomara como prata
se constrange da escória
antes furtara facas

para matar discórdias
que agora já levantam
porte esguio de forca
em que se cumpra morte
de tamanha desonra
e aliviem desordens
com a promoção de outras
Ora os punhos se lhe cerram
e os olhos já se lhe cobrem
por venda de pano forte
que é uso entre os homens torpes
se acovardarem da sorte

24

Costelas mastigam
leopardos de malhas
panteras sinistras
e zebras de raias –
caninos e coice
a foice de fio
os pedais de raiva
em rinhas de pata
e rasgos de vidro
o ruído das armas
em garras de afinco
castigo de estacas
adagas de crivo
Os cornos ecoam
robustos à caça
o cone de osso
o sopro de prata

25

Homem –
teus feitos
te consomem
matas à glória
de teu nome
À fama
estás sujeito
como seixo
à lama
Homem –
armas nações de fome
– insano?
Lembra –
cria um mal
que te prolongue vasto
ostenta a noite
a foice a fúria
o facho
que te assombre
o mastro

26

Frontal –
osso maduro
de capacete blindado
frontal –
balas de fuso
ricocheteiam teu brado
marcial
Heróis de bruços
florestas de rastros
as fardas em grupos
camuflam o susto
da aberta granada
em flor de estilhaços
chafariz de fogo
a chumbo e soldado

27

Capotes arrimam
no inverno
se rilham se rinham
no afinco de ferro
em capas de búfalo
transitam transversos

28

Volúpia de núpcias:
quadram vulvas de pelúcia
argúcia de volutas
perfurar de grutas bruscas
Touro apego do cerne
em múltiplas repulsas
verme no desterro
desmonte servo
entre couraças urnas
abraço de morcego
em curva de afeto medo;
os músculos da luta
acorrentando o beijo
novelo de pulso
em domínio de cerco
drupas feltro frutas
e dois robustos pêssegos

29

No saguão das quintas
erguem pisos de cristal
vigas muros de mitra
claraboias de vitral
Em tablado de altares
ventam toalhas de percal
pelos degraus de mármore
as águias da catedral
em pétreas asas proclamam
seu troféu de quebra-mar
e se agigantam no porte
de aeronaves imperiais
que por estátuas são nobres
e por voos abissais

30

Noite
estaleiro de lumes
de chão naval te contemplam
entre cascos e carvões
noite
noturnas urbes
de avessos lampiões
Sol
claraboia de ouro
teus raios ferem
a ferrões
sol
riso de riscos
frisa as hastes do esporão
sol
demônio amarelo
poderoso medalhão
Tigre de ferro
em tuas grades
resplendem chifres
de caprinos deuses

O campo era jazigo
de ossuário
de casto gado
derramado em osso
Alvas clavículas de touro
a morte
calou teu peito de apoio
onde as cabeças
em sulcos de abrigo
Candelabro de carcaças
nasça a pira
celebre o chão de aspargos
Um feixe de serpente
invade frestas
arma blusas de fogo
em campos de açafrão –
um peixe de farol
arraia
um feixe
Corneta de clarão
brados arranha
Sol
ampla cereja
alastra teu brazão
de aranha

31

        Lua

     lago de zinco

        lua

  hemisfério de fruta

        crua

onde teu ombro de espelho

   flanco oblongo

          lombo

          feltro?

Onde

       lua

   tua charrua

   de ventres?

       Lua

       lua

     ladra

       lua

 imensa pantera

   te acua

32

Caravela de flanela
esquia ao delta
caravela
caravela
sáurio de ventos
em marinha selva
madrinha de naveta
alva vitela
em caudalosa grama
apara o alfanje
de procelas francas
no piso da bandeja verde
caravela
alertas velas de sorvete
impera

33

Rasga
    em cruz
    e cruzes
urso muro
a palmatória
fruto
corda
    xucro
castra
Trevês
    feltro da noite
    vidro neutro
        vidro
    astro de litro
trevês
luta intrusa
de domínio –
curvas de urbe
        turba
    que urge
        urge
no rodízio

34

Cobrai senhores cobrai
cobrai amores e pães
pães de sal alertas fomes
afetos em guarnição

35

Frutíferas torres
circundam manadas
aniagem de fardo
em celeiro de cal
frutífera torre
de mil borlas
canta teu triunfo
amora
esférico sangue vegetal

36

Petróleo
– soldo de breu –
jorra-te aos ares
em colunas de febre
e trevalume
petróleo
óleo de pedra
explode teu orgulho
de serpente
que se projeta em corpo
além dos túneis –
sopro de gleba –
abre-te ao alto
chafariz de rosa negra
despetala-te em moedas

37

Sirius
límpido umbigo
de empíreo
desponta em martírio
de chifres
flor de papiro
farpas alvilumes
Gela
Sirius
arrepio de frio
estela
Veste a treva de lírio

38

Antares
lúcida abelha
entre colares
altos
mancha de trigo
o asfalto
mancha
da noite
liso prato

39

Um aço azula a noite
em arcabouço
mastros urbanos
armadas plataformas
Humano sacrifício
de mil braços
chispa de solda
rente aos rostos
operários
Siderúrgico espinhaço
de andares
ares de ferro
hectares de vergasto
Avulta-te por traves
calabouço
forja um touro de grades

40

Um rio dorme sob o cosmo
em crosta noite
dorme de cofre
em borco e solviterra
dorme
seu sigilo de pantera
– coldre de peixes
calibre de bazuca
Um rio azeite
em tronco e carabina
um rio um cio
dorme em sua urna

41

Se céu houvesse
assim perigo
anjo ou demônio
arrazoado
anjo e soldado
balas e plumas
se assombrariam
do mesmo brado

42

Lá
no ébano
onde os espaços são
bazares acesos —
é lá que a claridade
raia:
no ébano
Lá
onde os lumes cintilam
em quermesses siderais
é que varejam os
demônios de listras
os corpos estriados
de clarão
Lá
em rajadas de fogo
esgarçam sua capa
horizontal —
os demônios
lá
na corrida das fagulhas

lá
na lavoura de febres
encarnados na brasa
das esteiras
lá
no ébano
louros
os demônios
derrapam em cometas

43

Deixai os campos deixai
deixai que fiquem por lá
o fascínio dos faisões
festa das folhas no vento
deixai as maçãs crescendo
deixai deixai verde vá

44

Quando os lápis vararem
o imenso golfo negro
em túneis de ano-luz –
a colmeia sideral das trevas
rolará na girândola das pedras
arremessada dos espaços nus.

1958

Imagens de Banheiro

Banheira de banhar
baleia côncava
o fosso aberto
que represa água
cio da curva
tão oblonga
corpo a boiar
no fosso imerso
entre borbulhas
Banheiro de lavar
sabão viscoso
relustrando anca
triste pendência
da toalha-trança
Ávida goela de ralo
esgotando redemoinho d'água
e a tampa de borracha
abandonada
no desvão dos azulejos
Escorrem gotas da carne
no ladrilho límpido

úmido úmido
úmida carne
Higiene de sol
entrando na janela
bordas de ferro
vidro opaco
granulado
mas aberta
ao movimento da alavanca
Higiene de sol
curando sarnas da pele
explosiva claridade
refletida nas paredes
A touca enxuta
o rolo de papel
embutido no buraco quadrilátero
A patente
caramujo de louça
molusco cimentado ao chão
caramujo prestativo na missão
O cacarejo da descarga
revolvendo a água
nunca benta
Penhoares
penhoares no gancho de mármore

penhoares vestindo vultos
na manhã
vestindo o corpo morno de sono
cheirando a bolor de cama
Penhoares
vultos fantasmagóricos
acompanhando bocejos
na lavagem da pia ao despertar
A água fresca no rosto dormido
como pão dormido
os olhos esfregados
pelos dedos tontos
as primeiras remelas removidas
O pente
disciplina de cabelo
crispado nos sonhos
pelas unhas
cortado judiado
ao desespero matinal
desfeito à noite
em mudanças de lado das cabeças
procurando cômodo melhor aos ossos
Ai, penhoares arrebatados
ao gancho do banheiro onde vertidos
arrebatados na fúria das febres

ou notícias de acidentes
em chamados telefônicos
de alta madrugada
Penhoares desvairados
percorrendo corredores
esquadrinhando os ângulos do quarto
em urgentes atitudes
penhoares
sobre sombras acordadas
na insônia das lâmpadas acesas
pervagando casa
sem desígnio exato
O saco vermelho de água quente
pende do barbante
o saco que depende da febre
para praticar o ofício analgésico
Banheira de banhar
baleia branca
de ágata
baleia quase santa

Ventos Alísios

1

Como são dores os ventos alísios
carreando cicatrizes
por cima dos mares
alísios no tempo liso
sem transformações
tendências
Como são vozes os ventos
vozes de garganta seca
malditas de martírio
corpos transidos no pânico da perda
sombras desamparo sonhos pó
São carne os ventos
arrastando terras
salitre tempo e nuvens
Carne emancipada
de todos os dilúvios
ao léu dos cataclismas
carne encarcerada
em órbita de augúrios

sem horário e pista
Como são dores os ventos
no eflúvio das planícies
despojadas de luta
dores centrífugas
dores
Os ventos alísios são sangue

2

Tantos olhos
tantas mortes
desvencilharam sossegos
ventos que transportavam
os empenhos ao degredo
em noites de espanto e surto
de petróleo e desespero
E os alísios foram vultos
ecos de vultos
medos
sofrimentos sem indulto
de crimes sem proveito
e os sonhos foram das águas
salobras decepções
Tantas mortes
tantos olhos
desvencilharam sossegos
tantos sonhos construídos
debaixo de condição

Canto de Amor e Morte ao Ferroviário Locomotiva

(Entroncamentos)

O túnel niquelado do teu tórax
trepidante
a locomotiva rompe
a sucata
esmagando a tosse inoxidável
Na órbita dos poços lacrimeja
a ferragem dos teus olhos lacrados de aço
trafega enorme
por sobre a tua farda fiscal
o vagão do ventre de carga
corre
nos trilhos das artérias
teu sangue ferroviário vermelho
No zimbório da noite
se expande a pleura
em teu peito de estrelas
carbonizadas
as lesmas de óleo devoram
teus poros de astro sórdido

a roda
talha e retalha
a moeda de tua cara pálida
Espectro de ferro
farol circular de mercúrio
gigante na aproximação
do instante
empregado
range telúrico na noite
teu coração
público

Reflexos

Os mares
as árvores de água
os jogos verdes
das vagas malabares
jogando aos ares
os peixes, suas facas
seus brilhos para equilibrares

A Fuga sem Disfarce

A lâmina da faca íngrime
o pátio branco do hospício
a caçada ao louco dos olhos de lince
o seu diamante o seu delírio
de príncipe suicida

Teve a perícia da injúria
e a síntese da vítima

Na curva da sua fúria
toda a linhagem perdida
ferida sua loucura

No desespero das unhas
a máscara derretida

De Ler para Ver

O jornal da manhã
o sol a notícia a barra
a alínea o mar o horizonte
a tinta o farol o vento
o papel a flutuação da letra
A coluna o azul a página
os óculos de grau
a bússola a lista o navio
que singra perdido
na minúscula navegação
dos olhos

Limbo

O aviso das aves é azul
Não pensam mares e céus
discursam seu voo
em curvas de largo cio
Vão para o sul as aves calmas
Em límpidas aulas
suas asas ensinam
a lição das pausas
Aves de neblina
sem cálculo linha
vão pelos espaços
dissipando em arcos
sua geometria

Erosão

Eu conheci as células de Lívio
seu rosto limpo
propício ao câncer
as células sob o crânio calvo

Os olhos preamar
a pele exangue suspeitando o mal

Eu vi eu vi as células de Lívio
sinistramente expostas tal imaginara

Um rosto pálido
um semblante calmo
e o tumor lá dentro
trabalhando a morte

Trevabreu

A noite rola o veludo da preguiça
e mansamente respira seu redondo sono
No fôlego escuro
o couro tisnado de astros tigres
é gás espesso de pavor
O espaço imenso ovula imóvel
no silêncio onde repousa
o oco pasmo do caos
Da treva alto escapa
o eco dos martírios
o pavio da dor

De Mar Amar

Marafúria
o mar armado de garras cruas
na carne rara do sal
Maravalha
maravento
maravilha
do mar das navalhas
nas ilhas virilhas
de amar
De amar
mar a vento

maravilha do
vento rompendo
a ruína
nua
do ar

Precipitação do Corpo

O cadáver boiando no aqueduto:
os brônquios dragam a catástrofe

Seu plasma na enchente seu fantasma
seus pelos hidráulicos suas fístulas
os cadarços do sapato

Sua gravata suas rugas
seus olhos goros sua dentadura
a barba enferma as unhas cianóticas
o esgar de sua cara escancarada:
a gargalhada bêbada de lodo

E o féretro de ferro das nuvens aguerridas
gravando a guerra seus daguerreótipos

Navegação da Noite

Na estiva da noite
há sacos de nuvem
carregados por negros
ao porto e ao luar

Nos negros colossos da noite
há marés de êxtase
canais oleosos de navegações carnais

e a frota mercante
das estrelas na enseada
ao longo das docas negras
prontas para a atracação

No alto da torre
o farol da ilha Rasa
cai como um cimento
sobre o vulto extenuado
dos marinheiros e dos guindastes no cais

Naufrágio do Corpo

À noite
na cama larga do quarto
o enorme vaso de guerra
afundado nas molas

Movo o canhão da perna:
poderosas sombras adernam
sobre a carne abandonada no estaleiro
onde as peças de artilharia jazem
seus músculos derreados de guerra e exaustão

Ilusionista

Na lousa azul
travo o duelo das cartas
e céu aberto
alço o baralho e o trunfo sol –
um ás de ouros
Em volta
os parceiros armados de paus
jogaram o naipe de copas
nas árvores do pátio
E então
sacando espadas da bainha
eu sangro e morro
nas mãos de um coringa idoso
jogado às pressas pelo meu amigo Horácio

Carências de Carícia

(Ramais de linha-auxiliar)

Olha o moleque descalço no asfalto
que afanou mil cruzeiros de beijos
do bolso do mais velho rosto da rua
pai severo passando sem gesto de moeda-corrente
o afeto avaro de troco
aquém do uso

Pega no colo o pão dormido
agazalhado pela língua
no asilo mendigo da boca –
despe os restos da festa
atirados às feras de fora
e o biscoito afoito de ser comido à noite
pelos cães famintos
no feroz alarido das mandíbulas
mastigando e lambendo os bagaços vazios
as caudas abanando
guiadas pelo faro e a gratidão traídos

Soneto de um Burguês Indefinido

Não sei de onde procedo
no medo em que me invado
eu parto de onde venho
e venho de onde falto

O escuro em que me perco
é vulto em que me traio
se fujo do que prendo
só duro no que passo

Eu sou como me esqueço
no tempo em que me escapo
afora do que sendo

Alheio a meus cuidados
não cuido do que penso
nem penso no que faço

Verão

A ira dos deuses é azul

Céu de vendaval
grandes castelos de fumo pelo ar
torres de fúria a arremessar gramados d'água

Lá embaixo
o vasto mar de túneis transparentes

Verde vento da relva
abriu varandas para o vale

É tempo de bonança
Raiam rosas de aurora em ágil floração

E o promontório
negro mastro de pedra fecundando o mar
e o alvo lazer da espuma
fazendo os filhos do sal

À Beira-Morte

À beira-morte
quisera ser
tudo deixado ir
Só depressão
constrói os homens
de si traídos
Só depressão
refaz os anos
de nós cobertos
ao pouco caso
À beira-morte
à beira-morte
quisera ser
e já não posso
Tarde de ossos
serei em pouco
serei em pouco
remorso tarde
fúria e desordem
à foz dos vinte
Pulso a parar

não me prossegue
tempo a findar
não se prorroga
e as divindàdes
me não socorrem
E eu que estou santo
à beira-morte
e eu que sou tanto
e já não posso
homem ou forte
deixado ir
quisera ser
à beira-morte

Decadência

As valsas são velhas rosas loucas de orvalho
girando no jardim do orgulho
as pétalas vertiginosas
que sangram pelas caudas dos vestidos
em hemorragias de rendas
saudosas da cadência dos veludos
em demências deliciosas

As valsas são vaias do vento
na saia da tempestade

Lá fora bailam crianças
no corrimão das varandas
as tranças das samambaias

Paranoia

Era um homem covarde e acuado
de todo o seu tormento alucinado

Cansado da razão seu pensamento
feria-se nas culpas vitimado
à dor de seus algozes mais amados

Elos

As aves em seu lance de asas
se desplumam sobre o mar

No teto de zinco
o sol destila as raias do seu clima

Dentes ralavam a prata dos garfos

O corte dos machados
se expia nas árvores a prumo

Mãos gastam o cobre das moedas em uso
seu viço a se perder
no ofício dos mendigos

Exortação à Paz

Eu quero a arma branca da paz
não o golpe rubro da baioneta
contra a costela dourada
não os canhões da artilharia acesa
rasgando as veias da alvorada
Não quero o sol amarelo das feridas de pus
nem mesmo o perfume podre
das roseiras de arame farpado
mutilando as alamedas
Me nego a colher a trégua volátil
que cresce e se evapora no jardim do medo;
e paira no alto a pólvora da nuvem
ameaçando despedaçar os homens
ao mais leve suspiro
Rejeito a chuva e o perdão
ensopado de suspeitas
Recuso-me a ser galinha dos ovos de sangue
a chocar o ninho das granadas
Não quero o triunfo irônico dos galos
encarnados de pânico –
os esporões da fúria

Recuso-me a aceitar a aberração do galos atômicos
a explodir na garganta de urânio
o berro desintegrador
Eu quero a arma branca da paz
branca como a asa branca da pomba branca
nascendo da fogueira branda
ao pé de todos os irmãos

Juízo Final

Os deuses governam a verdade
Idosos vão pelas idades vaidosos
devorando a liberdade

A verdade dos deuses é covarde
Por que se furtam eles à dúvida
por que disfarçam de nuvens
suas humanas imagens?

O medo ostenta um milagre como ameaça

Quem defenderá os deuses
de sua falsa coragem
e quem
mesmo após a morte
acatará suas ordens?

Os deuses fugiram da terra
e nos legaram suas culpas sem resgate

Mas nós julgaremos os deuses

Raiz da Dor
1979

*Ao meu tio Rubens Fortes
dedico este livro.*

I

Aqui jaz um futuro que pertence
Aos maiores enganos do passado
Se não queres amar nem ser amado
Pede ao pecado que te recompense.

Pois não sabes na vida quanto vence
Aquele que do amor é derrotado
E que mesmo depois de abandonado
Mais se arrebata e menos se convence.

É que não pode ter amor quem pensa
Que ser preso do amor é uma peçonha
Ser deixado por ele é uma sentença.

Já não há lei que o coração disponha
Senão aquela de sofrer a ofensa
De uma paixão maior do que a vergonha.

II

Quando virá a paz que me deserta
Se a dor da terra não me faz deitar
Se mesmo a noite escura jaz aberta
E chora estrelas sem me consolar?

Quando virá da aurora que desperta
A chama eterna para me queimar
E ver meu corpo em cinzas já libertas
Da alma funesta então se separar?

Quando virá, quando virá dos mares,
Das matas verdes ou dos brancos luares,
A esperança de um dia me chamar?

E na vingança deste fim de tarde
Não haverá no céu um Deus covarde
Que esteja vivo para me matar?

III

Trago os olhos cansados de paisagens
Das imagens que vou desfigurando
O que vejo me esqueço de ir lembrando
Na acelerada fuga das passagens.

Vou disparando os vultos em voragens
As vistas mais velozes devorando
No céu azul a luz evaporando
Como a visão eterna das miragens.

Ondas perdi nas praias mais desertas
Por onde andei nas dunas arenosas
Sem pressentir as águas entreabertas.

E vi nascer nas vagas poderosas
Uma paixão de espumas tão libertas
Num coração de fúrias tão rochosas.

IV

Alma serena, entra no meu corpo
Que de tão morto já não causa pena
Entra pelo meu peito assim tão plena
Como uma lua cheia de desgosto.

Mergulha nele a tua luz amena
Que me condena e me atenua o fogo:
Quero aplacar na mágoa que envenena
As obscenas águas do meu gozo.

E alma lavada no teu corpo amado
Hei de perder o gosto do pecado
Hás de me amar de novo sem receio:

Pois quando o corpo e a alma são eternos
Pode-se amar com fogo dos infernos
E arder na fúria da paixão sem freio.

V

Tu que não podes dominar a morte
Porque não sabes enfrentar a vida
Que te socorres da razão perdida
Por covardia de quem teme a sorte;

Tu que não queres te fazer mais forte
Para não ter a força repartida
Que preferes fugir à dura lida
Para pedir a alguém que te conforte;

Tu que iludes o todo de que és parte
E procuras no tempo que te farte
A alegria do sonho que diverte;

Busca na vida o dom de arrepender-te
Busca na morte a fé que te liberte
Busca em ti mesmo a força de salvar-te.

VI

Já vou chegando à terra prometida
As distâncias longínquas conquistando
Na menina dos olhos vou mirando
A paisagem das águas cristalinas.

Adivinhando os astros nas campinas
À luz da lua estrelas vou contando
E pelo chão das matas vai chorando
A tristeza do céu sobre as neblinas.

Vales e montes na manhã serena
Plena de orvalho e de fulgor ardente
Quero beber o sol nágua corrente:

O sol contente sobre a sombra amena
Que ao ser despida pela luz nascente
Fez que a vida afinal valesse a pena.

VII

Paragens, vistas, vargens preferidas,
Cada vez mais se alongam dos meus olhos
De abrolhos das cidades homicidas
Fujo nos velhos textos dos infólios.

É lá onde as maldades desta vida
No misticismo livre dos escolhos
Rendem-se à fé de uma alma posta em giolhos
Na úmida paz tranquila das ermidas.

É lá que a claridade me ilumina:
Da magia das letras e dos nomes
À pureza do estilo que domina.

E se já não sei mais onde termina
A perdida ilusão de tantos homens
Sei do encanto onde o sonho se imagina.

VIII

O que sobrou de mim, que triste amigo
Me habita o duro peito sem alento
E faz calar de medo o sentimento
Como se morto fora em um jazigo?

Que maldição funesta ou que castigo
Me leva a imaginar que eu me sustento
Sem mais auxílio, sem mais mantimento
Que a certeza cruel de estar comigo?

Já não me importa mais que pense ou faça
Nem me preocupa a voz que me conforta
Para dizer que a vida não tem graça.

A solidão me alheia e me transporta
Àquela imensa praia onde se passa
Todo naufrágio da razão já morta.

IX

Na foz dos ventos verterei meu canto
Por sobre os campos passarei veloz
A minha voz de nuvens e de prantos
Irá gritando pelo mar feroz.

Contra o inimigo atroz eu me alevanto
Erguendo ao céu meu livre voo a sós
No espaço azul o sol vou libertando
A luz raiando calma a todos nós.

A liberdade é sonho de distância
Que se conquista quanto mais se eleva
À solidão das altas culminâncias.

É ar que respira, é sangue que subleva
O coração atormentado de ânsias
Buscando os astros através da treva.

X

Tu finges que és feliz e em ti persiste
A miséria de todos os humanos
Se os anos da existência foram tristes
Não há por que ocultar teus próprios danos.

Fizeste pela vida tantos planos
E nenhum de teus planos construíste
Tudo aquilo que um dia possuíste
Foi poeira na estrada de teus anos.

A velha eternidade te carrega
No seu colo triunfal de fantasia
Mas foge o tempo e a morte ainda não chega.

Buscas a Deus e o mesmo Deus te nega
O coração do céu que se anuncia:
Pois Deus existe mas jamais se entrega.

XI

– O mal que o coração hoje domina
É velha mina de uma solidão
Que a mão de Deus cavou por sob a ruína
De uma colina só de ingratidão.

Ali naquele chão de pedra fina
Onde furei um túnel de ilusão
Não achei mais senão terra sovina
Onde termina agora esta paixão.

– Mas a paixão do amor nunca termina
E mesmo a mina de uma solidão
Jamais domina um velho coração.

A terra que Deus fez não é sovina:
Reconstrói outra vez a própria ruína
Cava de novo o túnel da ilusão.

XII

Daquele fero amor que me despreza
Do rude coração que me maltrata
Só quero merecer a dor que mata
Para não mais sofrer o mal que pesa.

Que a mágoa que no peito te represa
E o rio que dos olhos se desata
Não pode já conter a sorte ingrata
Nem pode já sorrir ao bem que preza.

Se choro esta paixão que se eterniza
E à guisa de esperança me demoro
O mesmo amor que adoro me escraviza.

Mas se coro de pejo e me deploro
Ou vejo que a prisão me imobiliza
Na fúria do desejo me devoro.

XIII

Tenho o corpo cansado mas sem sono
E o cérebro de ideias agitado
Quisera ter a calma do abandono
Para morrer um dia sossegado.

Meu pensamento já não tem mais dono
Já tantos sonhos tenho imaginado.
Que não sei mais se creio ou me questiono
Se fracassei ou se nasci errado.

E me pergunto o que é ser vitorioso
Neste mundo de fúrias e de gozos
De infortúnios de fraudes e de fama?

Custo a lembrar as ilusões de um vício:
Como se chama mesmo esse exercício
Que faz morrer e amar na mesma cama?

XIV

Longe de casa estou, pelas cidades,
Fugindo da loucura para o medo
Vivendo de aventuras e de enredos
Para encontrar uma finalidade.

Correndo saio em busca da verdade
Mas a verdade oculta-me o segredo
De que só posso achá-la no degredo
Dentro da minha própria integridade.

Por isso vou, perdido na distância,
Entre esperanças vagas e perigos
O coração atormentado de ânsia:

Quero alcançar na viagem que persigo
A imensidão da paz e da constância
Mas só alcanço a pena do castigo.

XV

Do fundo do alicerce lanço a ponte
Que cresce como um sonho transcendente
Nas asas de uma ideia delirante
E me projeta à altura das vertigens.

Vou saltar pelos vales monte a monte
Para alcançar mais longe o sol nascente
Onde esplêndido me abre o seu semblante
Aquele rei do fogo e das origens,

Que fez nascer no espaço os horizontes
E deu à luz os mares transparentes
Indo raiar na terra mais distante.

Vou consolar no céu as nuvens virgens
Fazê-las rir, chorar as suas fontes
No triste amor das moças inocentes.

XVI

Ai, solidão que me machuca o peito
Que faz o leito de ilusão vazio
E enregela de medo e de arrepio
O frio coração onde me estreito.

Ó condição cruel em que me aceito
Ó tortura de réu em que me expio
Como aplacar da culpa o desvario
Desta minha alma escura de defeito?

Toda a razão perdeu-se na loucura
E desabou de uma visão tão alta
Que foi partir-se na ambição sem cura.

Cavalgo a noite, a morte já me assalta
E se a esperança na alma ainda me dura
A vontade no corpo já me falta.

XVII

As vagas são estátuas de alvo mármore
Que a mão de Deus cristalizou no ar
São escravas do mar fugindo ao cárcere
Exaustas de rugir e de lutar.

O vendaval desencarnou das árvores
A alma penada que deixou seu lar
As folhas soltas são a própria carne
Cujo esqueleto é o velho tronco ao luar.

E as estrelas feridas no infinito
Têm a paixão de um coração aflito
Que fez sangrar na solidão do caos,

O sol vermelho como imenso grito
No peito aberto de um herói maldito
Cheio de mitos e de sonhos maus.

XVIII

Amar, depois sofrer, depois partir,
Fugir, depois perder, depois lembrar,
E então se arrepender, e então pedir,
Para não mais fingir, não mais chorar.

E, quem sabe, depois de se trair,
Depois de se doer, de se curvar,
De novo se elevar, de novo ouvir,
As promessas da amada a suspirar.

Mas nunca poderá se sobrepor
As promessas da amada à própria dor
De não se amar e não se pertencer.

Covardia maior é a de não ser
E contra ela não há senão viver
A ventura de amar, morrer de amor.

XIX

A esperança que sempre me mentia
E todavia não me abandonava
Não era em vão que outrora prometia
Que me iludia e me desenganava.

Cheio de mágoa, farto de alegria
Eu a perdia e logo a procurava
Se não a achava ou se ela se escondia
Mais a queria, mais a imaginava.

Que seria da vida sem mentira
Sem o sonho de amor que se suspira
Para fingir que é doida esta saudade?

Pois o amor que nos tenta e nos inspira
A dor maior que nos sustenta a lira
É uma mentira vinda da verdade.

XX

Dizes que eu digo mas não sabes nada
Que eu nunca revelei o que persigo
Sigo sozinho pela madrugada
Na calada da noite e do perigo.

Meu coração perdido é uma cilada
Que foi armada para o meu castigo
Maldigo a luta que travei errada
Maldigo a amada e sempre me maldigo.

Quisera ser aquele herói antigo
Que conquistou outrora a velha Gália
E foi morrer nas mãos do seu amigo.

Quisera ser ao menos um canalha
Que se deixou matar pelo inimigo
E se venceu na última batalha.

XXI

Magro bicho que foges pela estrada
E te embrenhas nas folhas deste mato
Busca a velha raiz grossa e sagrada
Onde te há de salvar teu rude olfato.

Ali na escuridão desta morada
Oculta com carinho o teu recato
Que o caçador daninho na cilada
Não te venha encontrar sobre o regato.

Despreza a dura lei do ser humano
Que embosca um animal que se defende
Para lhe desferir mortal engano.

Um bicho como tu nunca se rende
Nem se deixa apanhar sem grave dano:
O bicho morre mas não se arrepende.

XXII

Repousando meus olhos sobre a relva
Da rede da varanda onde me embalo
Vou passando meus dias sem abalo
A esquecer a cidade pela selva.

Aqui nesta montanha que me eleva
Ao próprio céu como a um vizinho falo
E de manhã vem me acordar o galo
Que canta festejando o fim da treva.

Perambulando na amplidão dourada
Por entre os pássaros e a fonte amiga
Vou despertando as plantas orvalhadas;

Vou de pijama ouvindo esta cantiga
Já tão antiga e sempre renovada
Para pedir ao mundo que prossiga.

XXIII

Fiz viagens, passeios, convivências,
Corri mares, e terras, e cidades,
Vi paisagens, vi templos, vi herdades,
E descobri que tudo era aparência.

O ouro não tinha a mínima opulência
Seu brilho refletia falsidades
E a natureza da tranquilidade
Parecia um produto da demência.

Foi então que lancei-me das alturas
E animado por todas as delícias
Do convívio das damas e aventuras,

Descobri que no encanto da carícia
Existe sempre um gosto de amargura
Sob o leve disfarce da malícia.

XXIV

Pobre menino magricela e triste
Batido pela vida e pela febre
O rostinho assustado de uma lebre
Que tudo sofre e à própria dor assiste.

Cordeirinho de Deus que ao mal resistes
Abrigado nas palhas de um casebre
Por ti meu juramento não se quebre
Nem me impeça de dar o que pediste.

Meu filho que tens na alma uma fogueira
De amor e fé, de vida verdadeira
Pareces o anjo de cabelos de ouro.

Quero que cresças como uma centelha
Como um raio de sol onde se espelha
A riqueza de todo o meu tesouro.

XXV

Sou a um tempo romântico e realista
Faço sonetos como quem se acaba
Nas ilusões da vida que desaba
Sobre a paixão que nunca se conquista.

E por mais que esta ideia ainda persista
Como razão maior de uma parábola
Não perderei no fio desta fábula
Todo conceito em que a verdade exista.

A realidade é fruto que maltrata
Derruba e mata na árvore do sonho
A liberdade própria de quem luta.

Por isso escrevo sobre a vida ingrata
E se me bato em busca do que imponho
Eu me arrebato mas ninguém me escuta.

XXVI

Por que já não direi da nobre luta
Que travei entre vícios e virtudes?
Antes por alegrar-me eu nunca pude
Que não provasse a venenosa fruta.

Todo esforço que punha na conduta
Já não cuido hoje mais que ainda me mude
E se quero abrandar o gesto rude
A bondade no mal se me permuta.

Protestei corrigir-me dos impulsos
Mas não sabia a tentação tamanha
Que governava a sanha do meu pulso.

Não posso mais conter a força estranha
E se da entranha todo mal expulso
O mal retorna e o coração me ganha.

XXVII

O ano passa, outra vida já começa,
Não para mim que sofro o desengano
De assistir com esforço sobre-humano
Nova ruína de planos e promessas.

O tempo dura sobre mim sem pressa
Me anestesia sem causar-me dano
Para induzir-me a cometer o engano
De consumir o que não me interessa.

O risco de viver que me acovarda
O coração ferido de revolta
Possa me abrir ao mundo que me aguarda.

E fique na esperança que se solta
A coragem de ser o que se guarda
Que o tempo passa e a vida já não volta.

XXVIII

Pelo espaço infinito vou subindo
Excedendo as alturas, divagando,
Da brancura dos astros vou triunfando
Nas asas do meu pássaro partindo.

Já das nuvens à terra vou caindo
Sem saber que na queda estou voltando
Ó moldura do sonho azul tão brando
No fracasso de ser o que não findo.

Mas é fruto daninho de quem trama
Elevar-se à ambição de um sonho puro
Na ilusão de alcançar altura e fama.

Pois quem ama não pode estar seguro
E o destino cruel de quem não ama
É ser amado sem nenhum futuro.

XXIX

Ama-me assim como eu te amei outrora
Embora não esperes mais por mim
Ama-me, sim, ao menos por uma hora
Por um minuto que não tenha fim.

Ama-me e vem, meu coração te implora
Chora baixinho a dor que dói em mim
E como um fim que já começa agora
Chora teu pranto sobre o meu jardim.

Pois te amo tanto que por onde fores
Direi louvores ao teu rosto santo
Cheio de cores semearei teu manto.

E germinando brotarão as flores
E os teus encantos ainda que traidores
Sejam primores do meu desencanto.

XXX

Aqui sobre esta praia debruçado
Embalado pela onda que desmaia
Caia o meu pensamento iluminado
Pelo dardo de luz que do alto raia;

Caia e de sob as águas nunca saia
E fique nas suas mágoas naufragado
Como um triste segredo que não traia
O próprio medo de quem foi culpado.

Depois deixem-no só neste rochedo
Onde o desejo ver despedaçado
Sem rastro de memória ou de arremedo.

E nu, livre do pejo do pecado,
Fique sorrindo sobre este degredo
Meu corpo de animal alucinado.

XXXI

A vida que eu amei por que não soube
Fazer do meu amor a coisa amada
Foi cárcere de dor que já não coube
Na solidão da minha madrugada.

Fugindo da emoção que não me roube
Roubei-me das carícias não roubadas
Ladrão de uma paixão que nunca houve
Eu mesmo tive tudo e não fui nada.

Avesso à gente, ao mundo, e à própria sorte,
A sombra trago ao lado por consorte
Que um dia venha se enterrar comigo;

Porque lá fora já não tenho amigo:
Fui carrasco da vida e temo a morte
Aguardo a voz de Deus, o seu castigo.

XXXII

Torno à casa, retorno ao velho templo
Buscando a proteção de suas asas
De cuja calma límpida contemplo
A solidão do mar que em pranto vaza.

Em toda mágoa que o meu peito arrasa
Sirva-se a dor de me fazer exemplo
E sobre o horror do coração em brasa
Restem-me as frias cinzas do tormento.

Que estranha força me apartou do ninho
Onde vivia em meus alegres dias
Alheio de cuidados e de espinhos?

Coração que me trais e me desvias
Anseio dalma que já não me guias
Hoje perdido estou, estou sozinho.

XXXIII

Negra sombra sem luz, humana, escura,
Nasceste presa ao cárcere do chão
Condenada a viver na terra impura
Sem ter na vida ao menos ilusão.

Sozinha como estéril criatura
Sem amor, sem abrigo, e sem perdão,
Vendo o mundo a gozar tanta ventura
Nem demonstras a tua humilhação.

Tenho pena de ti, ó sombra errante,
A vida percorreste delirante
Buscando inútil fuga em desatino.

Mas não chores teu mal se ele é profundo:
Somos dois a sofrer por este mundo
Tu presa a mim e eu preso ao meu destino.

XXXIV

Teu rosto é calmo como o de uma santa
Que eu vi de olhos abertos cor de noite
Lembras na palidez das faces brancas
A tarde desmaiada em que o sol pôs-se.

Do olhar tranquilo e líquido de lago
Boiam-te os olhos tristemente fitos
Às margens de teus lábios diluídos
Flutua um riso apenas debruado.

E as sobrancelhas negras são gaivotas
Voando sob as nuvens de cabelos
E as mãos esparramadas pelos dedos

Tremem apaixonadas e nervosas
Que à força de calarem-se os desejos
A quem mais se disfarça mais se mostra.

XXXV

No tempo em que José amou Maria
E o menino Jesus então nasceu
Não houve um só rei mago ou estrela-guia:
A mortalha da noite o recebeu.

O corpinho na palha que o envolvia
Tiritando de frio estremeceu
Teve fome e chorou na estrebaria
Nos braços de Maria se acolheu.

E ao lado da vaquinha e do jumento
Que em silêncio velavam seu bom sono
O menino Jesus por um momento,

No profundo deleite do abandono
Esqueceu-se das penas e lamentos
E adormeceu como animal sem dono.

XXXVI

Montada em um jumento vai Maria
No seu regaço está Jesus menino
Ao seu lado José também se avia
À fuga que os levou um rei sem tino.

Esse rei que se teme do Messias
E não teme seus golpes de assassino
Que as criancinhas mata, a espada fria,
Para cortar o rumo do destino;

Esse tirano atroz que se arrebata
E que sequer recua ante inocentes
Lança por terra, afronta, e desbarata,

A curta vida destes pobres entes;
E na ambição da fúria que desata
A tudo assiste do alto indiferente.

XXXVII

Quando em Cafarnaum Jesus pregava
À pobre gente moribunda e torta
Dizia que a verdade não conforta
Mas é mais forte do que a culpa escrava,

Que aqueles entes tanto atormentava;
E se o medo da culpa se transporta
Ao próprio mal que o corpo humano corta,
A pena desta culpa mais se agrava.

Assim falava o mestre e só se erguiam
Aquelas almas que se arrependiam,
Outras desenganadas se perderam.

Os milagres da vida não se imploram
E se falham naqueles que mais choram
Só se cumprem naqueles que mais creram.

XXXVIII

Às margens do Jordão está Batista
Banhando nágua a testa do seu povo
Vai-lhes pregando uma revolta bruta
Que a todos una na invencível massa:

"Pois quem dos corpos almas não conquista
Não poderá forjar um sangue novo
Nem temperar a espada para a luta
Tomar de assalto ao reino sua praça."

Assim falava o corajoso santo
Percorrendo as areias do deserto,
E a voz que vinha do antro da caverna

Espalhou-se como eco a todo canto
E convenceu os corações abertos
A ganharem no campo a vida eterna.

XXXIX

Não invoques teu Deus para salvar-te
Não lhe peças favores na discórdia
Nem reclames do céu misericórdia
Para lograr consolo que te farte.

Aprende a receber, aprende a dar-te,
E para além de todas as mixórdias
Aprende na harmonia da concórdia
Que Deus está em ti, que dele és parte.

Acostuma a julgar-te sem clemências
E o teu perdão às culpas não concedas
Sem que antes tenhas reparado a essência.

E quando ao fundo da alma que te hospeda
Lançares a semente da existência
Há de crescer tua árvore ou tua queda.

XL

Parte Jesus para o deserto branco
Traz sob os pés areias escaldantes
Quer meditar nas serras mais distantes
E alça o semblante para o céu mais franco.

Mas o sol queima num fulgor satânico
E desvairando-lhe a razão constante
Fá-lo enxergar castelos de diamante
E o desespero se transforma em pânico:

Busca atirar-se do penhasco enorme
Cheio de asco, abrasado de vergonha,
A vista turva no horizonte informe.

Não há mais forças que ao pecado oponha
E derrotado pelo sono dorme,
Alegre acorda ao descobrir que sonha.

XLI

Os antigos mandavam que jurasses
E não mentisses ante teu Senhor
Mas se jurasses só de assim supor
Não caberia mais que duvidasses;

E quando a porta da calúnia entrasses
E a verdade ocultasses por temor
Não saberias encobrir a dor
Que faz correr a lágrima nas faces:

Pois teu direito à dúvida é sagrado
À descoberta da razão mais justa
Que hoje é robusta e já depois não presta.

O homem do povo é tanto mais honrado
Quanto mais sabe o esforço que lhe custa
Colher na dúvida a verdade honesta.

XLII

E descendo Jesus daquele monte
A multidão contrita o acompanhou
E prosseguindo em busca de uma fonte
Um leproso a seus pés se prosternou;

Depois se ergueu para beijar-lhe a fronte
E num transe de fé se arrebatou
Mas Jesus que fitava os horizontes
Tocou-lhe a velha chaga e lhe falou:

"Quem fez prostrar-se teu orgulho ao chão
E a me adorar na terra te obrigou?
Ergue-te e luta contra a humilhação."

E assim dizendo Cristo o cativou
A libertar da lepra o coração:
E o homem se ergueu e se purificou.

XLIII

No solitário campo de uma noite
Andei buscando a imensidão distante
Onde a lua ultrapassa os horizontes
E o céu com o infinito se confunde.

Andei vagando pela luz que esplende
O sol ardente sobre o mar tranquilo
Varei os montes, penetrei as matas
Naveguei entre rios e cardumes.

Se não achei na solidão escura
A figura de Deus que imaginara
É que seu vulto à noite me fugira.

Fui me afastando da longínqua esfera
Qual se partira sem estar comigo:
Fiquei perdido e minha dor foi grande.

XLIV

Dá-me um sonho de paz, de sossegado encanto,
Desses que a vida já não faz, um sonho feito
De todas as vontades que eu amei desfeito
E nunca pude conquistar senão roubando.

Já não sei mais em que mentira hoje me engano
E nem quando amo ou sou amado me respeito,
Pois como pode alguém me amar se eu não me aceito
E como posso amar alguém se já não me amo?

Mas se me obrigas à verdade que desaba
Sobre a ilusão que ao triste peito hoje te exponho
Num coração que se renega, aumenta, e gaba,

A sorte ingrata desta vida te proponho:
Pois quando o corpo morre e a vida não se acaba
Não pode a vida mais viver senão de um sonho.

XLV

Pouco te vejo
Pouco te escuto
Muito me esqueço
Pouco te luto.

Muito me fujo
Desde o começo
Tanto desejo
Quanto recuso.

E se te escondo
Do meu convívio
Mais te reclamo.

Mais me condeno
Menos te encontro
Onde me procuro.

XLVI

À luz de vela tremem os meus anos
Frágeis enganos de uma flor tão bela
Que se desfez na fúria da procela
Para florir no meu jardim profano.

Flor amarela sobre o negro pano,
Campo da noite onde murchou a estela,
És o luto no leito da donzela,
És a festa no dia dos meus danos;

Canto de cisne, pétala funesta,
Carne ferida sobre o peito aberta,
És a granada que arrancou da vida

O sangue eterno da paixão sem dono,
Na labareda de uma chama ardida
Sobre as perdidas cinzas do abandono.

Elegia a uma Santa

Em teu rosto de santa
vi dois olhos de água
ao amor de alguém
sofrendo sofrendo.

Em cabelos de noite
como noite longos
noite vi descendo
morrendo morrendo.

E dos lábios de cera
feito cera brancos
meu nome ciciado
lembrado lembrado.

Tarde de Finados
flores de pecados
tempo sepultado
passado passado

A História da Ovelhinha

– Mãe
  eu queria uma ovelhinha
– Filho
  ovelhinha está no campo
– Mãe
  este campo fica longe?
– Filho
  campo é pra lá desta terra
– Mãe
  conta a história da ovelhinha
– Filho
  no alto daquela serra
  quando a igreja toca o sino
  passa porção de ovelhinhas
  guiadas por um menino
– Mãe
  onde mora este menino?
– Filho
  este pastor pequenino
  é filho do mesmo céu
  onde vive nosso pai

– Mãe
e menino onde é que vai?
– Filho
vai guardar o seu rebanho
contra os perigos da noite
que o vento traz tempestade
na fúria do seu açoite
– Mãe
ovelhinhas também morrem
ou são feitas de papel
pra servirem de brinquedo?
– Filho
ovelhinhas não têm medo
quando morrem vão pro céu
– Mãe
a gente enxerga ovelhinhas
no céu azul da manhã?
– Filho
as nuvens são ovelhinhas
todas cobertas de lã

Cãozinho de Neve

— Cãozinho de neve
   que passas voando
   caminho do céu
   quem te fez tão branco?
— Foi Nosso Senhor
— Cãozinho perdido
   que andas fugido
   de tua casa
   que dono é o teu?
— Não tenho mais dono
   meu dono morreu
— Cãozinho de ensino
   que levas destino
   e tens duas asas
   que sina é a tua?
— Vigiar a lua
— Cãozinho de prata
   que estendes a pata
   e abanas o rabo
   onde vais agora?
— Vou tomar a bênção

de Nossa Senhora
– Cãozinho cãozinho
   que viajas sozinho
   por largas florestas
   onde vais por amor?
–Vou velar a sesta
   de Nosso Senhor

Sono

Criança dorme tranquila
num travesseiro de vento
quantas coisas ela sonha
na largura de um momento.

São tão brancos os lençóis
e o seu rostinho é tão alvo
pobre menino enjeitado
Deus o guarde são e salvo.

Sua mãozinha vacila
sem saber o que tocar
agora a tem sobre a fronha
julgando tê-la no mar.

E quando tarde se acorda
olhando a janela pasma
de ver a boca da noite
escura como um fantasma.

Natal

Hoje é Natal
tempo de esquecer o mal;
de Deus ninguém foge –
criança que dorme;
o marginal se encolhe
e se cobre de estrelas na manjedoura,
aquecido pelo sopro do animal.
Jesus é seu igual.
Na estrebaria,
o boi, o jumento, a ovelha,
José e Maria,
velam noite e dia
seu sono natural;
A palha não atrapalha
aquece e agasalha;
a estrela-guia leva os magos ao curral.
Fora a navalha e o criminoso punhal:
Cesse o mal que hoje é Natal.
Venha o arco-íris, o circo, a quermesse,
a lágrima de riso e sal;
agradece a fartura da messe,

a colheita do trigal,

que hoje é Natal;

esquece o gás, o morteiro e o napalm;

Deus é travesso e brinca no berço

como qualquer criança normal.

Mesmo o bandido sem fé

perdoa o seu rival,

cura-lhe as feridas da vida,

a amargura mortal.

Comam chouriços e nozes,

perus e outros petiscos

na ceia frugal:

Não coma o homem seu igual.

Hoje é Natal

dia de paz;

se és homem mau

brinca de gostar

que hoje é Natal;

se na alma tens fel,

se te faltou um lar,

olha para o céu,

olha para o mar.

olha para a luz

que te há de guiar.

Hoje é Natal

nasceu Jesus;
ele dorme nas nuvens
ele morre na cruz
ele paira no ar
para te salvar.

Comunhão

Fechei os olhos como um condenado
à lâmina da bandeja.
E então, o pão entrou pela boca
com disfarces de esmola e de perdão.
Entrou, resvalou suave,
pela tampa de meus órgãos
com graças de moeda-pão.
Depois ergui-me nas molas
do relógio-coração
dei corda e saí cantando:
Eu era a caixa de música.

Noite Muda

Quando de noite olhando o céu eu penso
as estrelas sussurram nos ouvidos:
Só nós dois existimos mais intensos
um é o outro esquecido de si mesmo
nessa maneira de perder a imagem
e beijar o que foi no rosto alheio
para romper do meio da verdade
reunindo os dois corpos num só medo
o enleio envolvido no silêncio
sem precisar saber que o outro sabe:
Tudo é a mesma ideia que já nasce
do próprio coração que não se cabe
e se dilata para além da noite
possuído da paixão de sua morte.

Chuva Verde

A chuva miúda dorme no meu colo
escorre macia como lençol na carne.
Quem dera embalar no peito
a ternura da tarde mais verde.

As plantas crescem no fulgor da sede
arde o amor que não sabe onde aninhar-se.
E a chuva corre como um rio de leite
para amamentar-me,
e o murmúrio das águas
inunda de mágoa o coração covarde.

Meu Quintal

Árvore
deitado te vejo
floresta pequena
realejo de pássaros
sobre o meu peito verde
raiz dos meus olhos
marejados de folhas.
Árvore amada
luz dos espaços
indo fugindo ventando
sorrindo e se despedindo,
mas sempre voltando
e caindo em meus braços.

Lamento

Eu sou triste desde menininho
trago no peito um mal que dói
sem atinar por quê.
Sou uma fruta que caiu da árvore
e machucada apodreceu no chão.
Quero deitar no mato da colina
para sentir o vento me lamber.
Quero ao relento receber a chuva
ver sua água chorar pelo meu rosto:
Que o céu lamente em mim a sua mágoa
e a terra verde me sirva de repouso.
Que alegria se eu estivesse morto
não haveria mais o que sofrer
e a semente largada que eu seria
já poderia então nascer de novo.

Sintaxe de Apoio

Embora agora
outrora ainda
doravante –
mesmo antes
quando já então
apesar de tudo –
nunca porém depois
sempre durante.

PÁSSARO

Vai

frágil ramo de penas

a florir no espaço.

Teu voo de pétala

deixa no ar

perfumes de viagem.

E quando

além do horizonte

levitas tua calma:

és luz

és vento

és alma.

Arma Branca
1979

Aos meus amigos,
  Antônio Briquet de Lemos
  Demócrito Moura
  Evandro Guilhon de Castro
  Moacyr Félix

Poema-Introdução

Arma branca —
escrava da mão
que se levanta
e arranca das peias
nosso coração

Latifúndio

Eu vi um homem de cifras
contar as pilhas de dinheiro
por cima das tripas dos outros homens.
Eu vi o homem somar as costelas dos outros homens
para calcular quanto dinheiro tinha.
Eu assisti à contagem sinistra
das costelas mortas dos homens mortos
pelo homem vivo.
O homem se enfurecia:
a cada costela morta
seu lucro diminuía.

Limite

O que queremos do que vemos
o que fizemos do que sonhamos
o que não podemos porque não somos
o que não usamos porque não temos
o que não vimos porque não entramos
o que não pagamos porque não comemos
o que não vivemos porque trabalhamos
o que perdemos porque não agimos
o que não amamos porque não jantamos
o que esperamos porque sabemos
que unidos haveremos de ser.

Noturno Absurdo

Do útero esquálido da noite nasce a vida:
As galáxias explodem em feridas
como uma multidão de estrelas maltrapilhas
paridas na amplidão.

Sem agasalho ao relento
elas varam a madrugada
e vão morrendo de frio
pelos espaços transidos
amortalhadas na aurora
de ouro e cálido pó.

Filhas pobres da mesma escuridão
nascem e morrem correm pela vida
atrás da límpida alvorada
em que altas sobreviverão.

Intenção

É hora de mutilar a falsa paz da omissão
a paz de quem não faz nada
porque não tem opinião
porque não há razão de ser
porque não é a ocasião
porque estão bem e não são...
porque amam a paz e o perdão
porque são todos cristãos
porque preferem chorar
nos ombros da privação.
É hora de denunciar
a mansidão das mansões
as manhãs de beira-mar
e os crânios a conspirar
debaixo do guarda-sol.
É hora de fazer calar
o delírio nupcial
da revolução com o jornal
do boato e da piada
mais providencial.
É hora de plantar

a semente da intenção
hora de cultivar
cabeças no coração:
garridas rosas de aurora
ou granadas de explosão.

Profecia dos Lobos

A rosa é um tigre de sangue
a aberta granada com pétalas de carne
um militar colhido no ar
pela ave de ferro
suas fardas de pólvora
o coração de vinagre.

Olho as caveiras pintadas
dançando valsas velozes
na noite álgida;
e os vestidos velhos das valsas
desmaiam desmilinguidos
ao som do roxo vagido
dos violinos sem alma.

Os sinos já não tocam
na cidade sem timbre
os relógios quebrados
deitaram mofo no tempo.

O antigo tempo do jogo
do velho jogo dos forasteiros:

Lobos de fogo
ateando logros
à goela do povo
lambendo à noite
o ladrilho das estrelas
furtadas ao brilho
de sua mais rara pedraria.

Os lobos saquearam
a lua grávida
em torpe emboscada
rasgaram seu ventre
de cadela aziaga.

A lua magoada
desliza minguante
seu corpo dormente
ferido na bruma.

Mal fartos da fome
em louca voragem
de fúria e ciúme
os lobos se comem
e se reincorporam
à terra e ao estrume.

De como Viver sem Dono

Como resistir ao colosso do músculo
evitar o perfil do tiro
a bravata do tigre bengala.
Como extrair o logro da mágica
sorrir no esmero do espelho
revelar a máscara elástica
do animal rupestre?
Como não ensinar à barca
o nado da valsa na tempestade
estender a toalha do oásis
escalar os poros do muro
'na obra das cabras?
Vamos tocar depressa
o tépido epitélio da tecla
alçar a manhã diáfana
na harpa de pleura azul;
porque rotundo é o número
dos pombos sonâmbulos
chocando ovos no remanso esconso
e por trás da poalha do atalho
a tocaia de ensaia.

Sou eu que em verdade vos digo:
veloz é o perigo do túnel
que conduz traição;
e nas falácias das salas dos palácios
os sócios do ócio
almoçam um negócio
e trincham a carne do povo
no talher de ouro.
Em verdade em verdade vos falo
que os flácidos sócios do ócio
hão de queimar nos cigarros
as cinzas de vossos ossos.

Sangue Novo

É preciso começar tudo de novo
erguer o músculo de fogo
no andaime dos braços
iluminar o rosto
no relâmpago da ação.
É preciso escorar com firmeza
cada viga da nossa opinião
martelar prego a prego
o trabalho das tábuas
plantar no chão maduro
a semente dos pés.
É preciso construir no vento
imensos paredões de fúria
onde ergueremos nossa história:
Massacres saques torturas
fuzilaria mixórdias
e para além das injúrias
as cintilações da glória.

Oração ao Cristo Povo

Senhor homem dos homens povo e dor
sangue e levante
gigante sol de chagas vingador
dai-nos a fé e o tufão.

Senhor
não perdoeis os nossos inimigos
que nos fizeram temer vosso castigo
pregai vossas parábolas de bala
no peito traidor.

Castigai sobretudo
aqueles que nos mentiram
que vos travestiram de Deus
eterno piedoso e bom.

Senhor meu Jesus
cristo logro da cruz
afiai de luz vossas espadas
armai na terra vossos anjos nus.

Do sangue semeado
brotará sangue novo
e ressuscitareis
do fundo de vosso povo.

Senhor
se vos crucificais
nos crucificarão
se vos humilhais
nos humilharão
se vos deixais matar
nos matarão.

Senhor
arrancai a vossa cruz
e vibrai vosso madeiro:
justa morte conduz.

Senhor
não perdoeis os nossos devedores
mas livrai-nos do Mal
amém.

ACALANTO AOS FILHOS DO MORRO

Dorme sem medo, filho
lá fora o vento, ladram os cães

dorme

um galo canta no galo
seu eco fugiu do cárcere
despedaçou-se na noite

dorme

as lágrimas correm das grades
não vinga a carne sem carne.

Dorme, meu filho
é tarde
o povo morre no morro.

Canto Maduro

Quando o poente perder a cor
e o sol não for mais que uma nódoa de sangue
quando a poeira morrer de dó
e as vossas caveiras romperem a pele
como terra aberta a enxó
haveremos de ajustar contas.

Partiremos reunidos
em feixes de cipó famintos
galgando a árvore e o granito
estrangulando os troncos
com a nossa fé e o nosso nó.

Só então podereis cobrar o fruto
de vosso sacrifício
semeando o grão ardente da voz.
Até lá
a semente aguardará seu rumo só
e as raízes magoadas
morrerão sob a terra
desertas de dor.

Ladainha Circular

Mas também lutaremos na serra:
Não somos povo de pedra
mas também criaremos o fogo.
Nossa teia de arado é a terra
mas também as veias da guerra
lavradas com sangue e esperma.
Nosso povo é um povo de escravos
mas também não teremos mais laços.
Nossa raça é uma raça de fome
mas também cresceremos mais homens.
Nossa gente é uma gente de fé
mas também não diremos amém
mas também não queremos o céu
mas também seremos o Deus.

Anão de Fome

Taludo não foi seu caule
sem caldos e sem vigor
seu ventre era grande e calmo
gerando os vermes da dor.

A vida foi só um cálculo
que a fome a mais lhe roubou
não teve colher nem prato
e o caldo não entornou.

Aos Cidadãos da Cidade

Não perderei meu tempo injuriando a vida.
Não adianta mais falar
colecionar fracassos e surpresas
sentar à mesa
comer a sobremesa sem vontade
lavar a lágrima dos pratos com delicadeza
e após a ceia
enxugá-las no adeus dos guardanapos
manchados de gordura e de saudade.
Quem lavará seus pecados
na pia da cozinha
de ladrilhos gelados?
Quem ousará não levantar cansado
e sair para o trabalho?
Quem continuará deitado
para não entrar na fila
do leite, do ônibus
do elevador mais elevado?
Quem terá a coragem
de não achar graça
na última piada —

de jejuar os boatos
mais gratos ao paladar?

E ai, quando se respeitará a própria dor?

Quem não torcerá no jogo
e não sairá do campo
derrotado pelo placar em branco?

E acaso não morreremos nas batalhas de confete
nem perderemos a voz nos gritos de carnaval?

Quem não terá sempre razão
nas conquistas ou nas discussões?

Quem não malhará o pão, a farinha, o presidente
o mulato, o peculato e a nação?
Quem nos salvará de quem?

À Margem

Menino árvore rio
suave pecíolo de vida
parido na foz da carne.

Os intestinos da noite
evacuaram teus vagidos.

És o feto amarelo de artifício
e tua alegria aborta dolorosa
em cólicas de riso.

Menino árvore rio
te vejo mais que te crio:

Teus sonhos, tua peçonha
teu coração sem dono
a ferida de tuas rótulas
tua bile verdina
teus culhões de cólera
a vingança de tua vida
tirânica, suicida.

Pelada Inapelável

Não há nada de novo:
o morcego e o mofo
o garbo do chicote
o humor da ribalta
a nuca do juiz
a garupa de prata
da mula pirata.
Não há nada de povo:
a jaula de aula
o sigilo da orelha
as molas do rim
fabricando o sim
o ornato do prato
enfeitando a fome
a prosa da rosa
o verso do incesto
o perigo das virgens
corrompendo a origem.
Não há nada de novo:
há os falsos arautos
anunciando a caça

fuzarca dos galgos
saudando a trapaça
a alegre ameaça
dos ratos e sátrapas.
E a asma da plebe
e o miasma da farda
no orgasmo da pátria.

Refrão

Se não
não comeremos o pão.
Se não
o coração perderá
toda razão de pulsar.
Se não
imitaremos o anão.
Se não
ouviremos mais sermão
voltaremos a rezar
seguiremos procissão.
Se não
não poderemos amar.
Se não
morrerão nossos irmãos.
Se não
as mãos não terão ação.
Se não
sem nunca saber pecar
nunca teremos perdão.

Quem Planta não Come

Pelas relvas que são ventos
de um verde sem esperança
perdendo a cor na distância
vai o meu povo lavrando

o trigo alegre plantando
e só o joio colhendo.

Vai o meu povo sofrendo
morrendo na terra ardente
onde a semente prospera
e a fome lhe rói o ventre.

Vai pela rua dos bairros
no cais do porto ao relento
nos subúrbios operários
na praça ou no firmamento

o grão de estrelas plantando
e só a noite colhendo.

Condenação às Falas

Fácil é falarem de ti, os que não sabem o que sofres
nem sequer estancaram as rugas de fel
crucificadas sobre a pele magra.
Só os que não guardaram a tua infância orfanada
nem viram a dança das máscaras murchas
na devoração das caras
ousam falar de ti com tamanha arrogância.
Que sabem eles dos aparelhos da fome
da vida que se come e apodrece na cratera do peito,
da vida consumida dia a dia
na faina carnívora do eito?
Saberão das caveiras e esqueletos
do seu cérebro aceso ou dos tijolos em brasa
que ardem alucinados nos fornos crematórios de Deus?
Não vês que para eles tua desgraça é uma farsa?
Rola do seu rosto gelado uma lágrima pintada
de puro júbilo.
Eles não sabem lá do seu escárnio
que do âmago feroz do teu estômago
há de jorrar o vômito de barro
que afogará na lama a sua voz.

Até quando Cantilina...

Ó meu Brasil encilhado:
cavalo manco
alferes desdentado.
Brasil dos soldados rasos
enferrujando o tiro sem comando
país faminto e gaiato
parodiando o prato;
povo cambaio
feira sem balaio.
Brasil: mendigo gago
pedindo esmola
aluno fraco
usando cola.
Brasil: bedel servil
mulambo pago.
Até quando?

Dia da Independência Pendente

Hoje mais do que nunca
o país está em ordem
porque não corre o sangue
dos irmãos, não se morre
de granada ou de revólver
e a situação é de calma
em todos os quadrantes
da pátria, ouvem-se acordes
de bandas pelas paradas
e os tanques obedientes
saúdam os almirantes
e os generais no palanque.
Hoje mais do que nunca
a moeda virou ouro
e nós meninos sem tino
esbanjamos nosso soldo
no gesto mais perdulário:
Jogamos nosso trabalho
nalguns quilos de borralho.

Plataforma Eleitoral

Se eleito
serei direito:

No discurso
serei confuso.

No decreto
serei funesto.

Na resposta
serei hipócrita.

No código
serei caótico.

Nos salários
serei avaro.

No foro
serei caolho.

No senado
serei macabro.

No cartório
serei finório.

No roubo
serei canhoto.

No manicômio
serei lacônico.

No palácio
serei lunático.

No hospício
serei cínico.

No cemitério
serei cético.

Com o cônsul
serei sonso.

Com o ministro
serei sinistro.

No resto
serei honesto.

TAREFA

Eu te direi:
Se podes fazer alguma coisa
deves violar os anjos de junco
beber a lua de álcool
afogar as éguas de barro
no pavilhão do mar.
Talvez deveras também
sacar da noite sôfrega
a coruja roxa
que canta nos galhos de breu.
Antes, é preciso apagar
a caligrafia do obus cordial.

Espantalhos de Carne

Na favela
os fantasmas dos trapos
enforcados à noite no varal
vestem de dia
os mesmos corpos desertos
que ao vento tremulam
suas bandeiras de carne.

Em Marcha

Ó povo do norte
ó povo da guerra
teu morto quer morte
teu filho quer terra.

Uni vossos homens
num brado de alerta
que aqui só tem fome
quem não se liberta.

Que aqui só não luta
aqui só não morre
aquele que lucra
aquele que dorme.

A vós que sois tantos
pertencem as safras
pertence esse campo
de vossas enxadas.

O grão que cultivas
na terra que exiges

é a própria família
de que sois raízes.

É a própria razão
do homem que lavra
que come do chão
o pão que trabalha.

Pão de cuja força
nascerão mais milhos
qual pai que se colha
através dos filhos.

Versus

Vietmin   Vietcong
(h) o micha   e   o   Ho chi min.

VietKao s   Vietcão
Vão Thieu   Bom Tião
Lindon Johnson   Feio João.

Vietruim   Vietbom
Vietesim   VieTesão
o sapinho   e   o   alçapão
o couraçado   e   o   coração
o milho   e   o   milhão
o palavrim   e   o   palavrão.

Vietsim?   Vietnão

a bomba   e   o   bambu
o bonzinho   e   o   bonzo
os que nem   e   os   Khe São
o dólar   e   a   dolorosa
o sagui   e   o   Saigon

o anal   e   o   Hanói
o cu   e   o   culhão.

Vietiminho   VIETNAM

Torneio

O foguete na plataforma
não subirá menino pela corda
para alcançar o céu.
Lá fora, artefato de fogo,
nem mesmo recorda a aurora
outrora papel de cor
de quando ao vento pandorga
o homem menino o empinou.

O Logro da História

O pomo da discórdia de Adão
as chagas de Cristo nas rótulas
o remo de Rômulo em Roma
os galos de briga da aurora
a tromba da bomba atômica
que zomba irônica do elefante.

Canto da Lua Avara

A noite é uma enorme aranha negra.
No céu ela tece a sua teia de estrelas
que paira suspensa sobre o meu chapéu.
A beira da lua cheia
vai crescendo por trás do monte
até ficar obesa.
Quando eu era criança
Maria botava a mesa
e eu gostava de pedir
uma fatia de lua cheia
por sobremesa.
Agora leio nos jornais
que os cozinheiros lunáticos
estão prestes a realizar essa proeza
em cozinhas espaciais.
Mas se esqueceram
de que há milhares de crianças na terra
que nunca provaram sobremesa
e todas as noites esperam
de olhinhos famintos no céu.

Noite Muda

Quando de noite olhando o céu eu penso
as estrelas sussurram nos ouvidos:
Só nós dois existimos mais intensos
um é o outro esquecido de si mesmo
nessa maneira de perder a imagem
e beijar o que foi no rosto alheio
para romper do meio da verdade
reunindo os dois corpos num só medo
o enleio envolvido no silêncio
sem precisar saber que o outro sabe:
Tudo é a mesma ideia que já nasce
do próprio coração que não se cabe
e se dilata para além da noite
possuído da paixão de sua morte.

Do Meu

Eu não sei que perigos há na noite
sei apenas que tenho a alma serena.
Não sei que mortes ou lendas narra o vento
nem mesmo a viagem do tempo.
Sei da minha casa aberta
e a pequena paz que frequento.
Das aves que eu perdi me esqueço
outras que não terei invento.

Coradouro

A blusa azul
presa ao arame do varal
a blusa
a nuvem
tufos de vento safira.
No contracéu
lufam seios
de ar fresco.

Cio

O sol durou redondo sobre o rio.
A paisagem apanhou a luz.
Na clareira da mata
o animal está nu.

Cismas do Mar

Eu cismava nos mortos
cujos corpos se faziam ao mar,
nos que pediam para serem lavados.
Contava no mar
o maior cemitério que há:
cemitério de homens e peixes
rochas e pérolas de colar,
de muita coisa mais
que ninguém talvez soubesse imaginar.

Morbidez

A noite espoja na cama
seus cavalos de insônia,
revela brancos na aurora
os despojos da aflição.
A noite é um delírio
a porta louca que range
o velho mosquiteiro de filó
mofado e amarelo na memória
que ficou distante.

Patriotismo

No dia do armistício
perderei meus vícios.

Na noite das vergonhas
fumarei maconha.

Na tarde da desgraça
jogarei canastra.

No dia do golpe
tomarei eletrochoque.

Na noite do massacre
usarei o fraque.

Na hora da morte
passarei um trote.

Quando entrar no ataúde
pedirei vermute.

Se as coisas ficarem pretas
estarei na roleta.

E na hora da bomba atômica
tomarei gim-tônica.

Vocação

Mas para que tanta habilidade
em dizer a verdade
se eu mesmo tenho baralhado e distribuído
as palavras mais fáceis
vencendo o jogo com trapaças;
se as minhas palavras
como trunfos de cartas bem lançadas
fazem cócegas no ouvido
da multidão na praça?
Mas para que,
se eu conduzo a intriga e os negócios
com audácia,
se controlo nos cordéis a mão da massa
aquela raça que vota e me consagra
na urna casta?

Descobrimento do Brasil

(para ser lido em voz alta)
(metralha e sibilo de bala)

1

Bra-bra-bra-bra
bra – siiiil!
Brado bravo
reque-brado
reco-reco
riso, rouco
louco, rico, vil?
Psiiiu!
A fé
o ferro
o berro
a serra
o cerco
a surra
a guerra
a terra

e o céu também?
Bem? (demorando)
Quem? (rápido)
Sem?
Como?
Come?

Quem descobriu Brasil
abril
anil
varonil
vilezas mil?

O cabra?
O Cabral?
Abracadabra?
A cobra?
Qual cobra?
Quem cobra?
Sobra?
Sossobra?
Logra?
manobra
mão de obra?

Pé de boi

barriga da miséria

tripa fôrra

coração divino

unha de fome

peito aberto

espinhela caída

olhos de lince

virgem dos lábios de mel

cabelos longos

ideias curtas

cabelos curtos

ideias longas

milongas

que se prolongam.

2

Calma!
A alma
a obra
o pão
a pausa
a família
a paz.
Calma!
A pouco e pouco
chegarás a muito,
ao muito pouco.

3

Mar
Marvel
marvelous
marveilheux
maravilha.
Mar, milhas?
bilhas
trilhas
quadrilhas.
Mar mel
Marmelada!

4

Lota, lota o coração
a loteria e a pelota
a calota e o alçapão.
Lota, lota, noite e dia,
a novela e a lorota
o sofisma e a solidão.
Lota, lota a tua razão,
lota, esgota o teu tostão.

5

Carnaval? Revolução?
A Vila vai descer!
Golpe de pandeiro?
A Vila não quer
abafar ninguém,
só quer mostrar
que faz samba
também.

6

Cala-te boca
cala-te cuca
oca, pouca, maluca.
Cala-te boca
verde, choca, gora,
marota, bêbada, pulha.
Cala-te boca
cala e escuta:
Oculta a luta.

7

Sol
solda
soldado
los
old
dados.

8

Não se mova!
Entre na fila enorme
e cale a boca.
Não se mova!
Feche os olhos
abra a bolsa
e pague a conta
a queima-roupa.

9

O crédito sem teto
a ilusão sem fundo
consumo supérfluo
féretro fecundo
e brucutu na fossa!
O bruto orgulho do produto
eternamente bruto:
O exército, a ordem
a epidemia do progresso
a febre do sexo
o tóxico, o negócio
o assalto, o sequestro
o freio, o excesso
o tédio. E a paz?
E o estilo de vida do Minister
filtrando o sucesso
poluindo, crescendo
estradas, indústrias, fumaças
a 100 milímetros
por hora é só?

10

Tira, tira, Tiradentes
tira ouro, tira prata
tira minério da mata
tira sono de quem sua
tira fé e tira teima
de quem pensa diferente.
Tira, tira, Tiradentes
tira a fala de quem sente
tira a venta, tira o vento
tira o vulto e o movimento,
quando atira, atira gente.
Tira, tira, tira os dentes
para não morder a gente.
Quem não tiver mais gengiva
pra chupar a cana dura
vai cair na Dentadura
que tritura sorridente
pra disfarçar a feiura.

11

Cada macaco no seu galho
cada macaco no seu galho:
O militar no governo
e o civil no trabalho
a carta do povo fora do baralho:
o rico de guarda-chuva
e o pobre no orvalho
o rebanho no curral
e na igreja o vigário.
Cada macaco no seu galho:
A polícia no quartel
os comunas no xadrez
os bandidos no assalto.
Cada macaco no seu galho:
os astronautas no céu
e os preços lá no alto
o futebol lá por cima
mas o povo cá por baixo.
Cada macaco no seu galho:

Pedro I na Independência
a tropa em sua homenagem
o povo na dependência
e Tiradentes na pendência
da forca sem continência.

12

Brasil
pau-brasil
pau mandado
embarcado
tintura colonial.
Brasil
pau-brasil
Brasil grande
ama a zona
ama de leite
deleite de mãe Joana
grana de grama
flechas
brechas
Texas
vitórias-régias.
Yankee.
Yon Kippur?
Diú

sursum corda

sururu?

I'm xorde

milord.

Não!

O chão nosso de cada dia

nos dai hoje,

perdoai as nossas dívidas

assim como nós perdoamos

os nossos exploradores,

e não nos deixeis cair em traição,

mas livrai-nos dos maus,

amém.

13

Bra-bra-bra-bra-siiiil!
Tu cresces
sem greves
com pressa
com preces
ladainhas
promessas
tropeças,
Pero Vais, Caminha!

Os Vigilantes Rodoviários

Perseguidos e sitiados sem trégua
pelas autoridades do progresso —
ante a ameaça iminente
de fome doença e morte —
os criminosos constroem a estrada e a fuga:
Engolem montanhas de pedra
barrancos arrancados à força
por tratores e dinamites
à luz dos holofotes cujos focos
caem em pranto no meio da mata enorme.
Os criminosos varam os morros da noite.
Mas as autoridades do progresso
esperam no fim da estrada
para cortar a fita
para detê-los
e festejar seu crime.

Amanho

O homem de índole calma
floresce seu amor em safras
o fio da sua ira
na espiga se transforma.

Da força do seu braço
cresce a raiz e o zelo
e o trigo da colheita,
de seus apetrechos.

O homem que planta o grão
colhe sua alma do chão.

Os Contra-Homens

Os homens e os contra-homens
seus bolsos seus ofícios seus abdômens
a virtude de seus vícios.

O volume de negócios
seus miolos de estrume
seus perfumes de ócio
seus órgãos seus pelos seus legumes.

Tiradentes

Morreu Tiradentes.
Quem foi que matou?
O povo não foi.
Quem foi, a rainha,
carrasco, intendente,
vice-rei, soldado,
juiz, ouvidor?

Morreu Tiradentes.
Que mão o calou?
Que sócio, que trama
de ouros infames
em vez da derrama
derramou seu sangue?

Foi jura, foi ócio,
usura, negócio,
traição, consórcio,
ou revolução?

Morreu Tiradentes.

Que pátria o matou?

Que mundo perdeu?

Que laço o salvou?

Liberdade

Os párias no cárcere encerrados.
Passa o elmo das grades
mutilando a liberdade.
A luta dos párias é sem credo.
No abrigo dos vãos
a parede é fria
e frias suas mãos.
A noite de mil jardas
se alastra sobre os muros e ferros
como um território de mártires.
A noite é a imensa fraude
das estrelas vorazes.
Guardiã dos calabouços
a lua empunha sua espada.
Corujas estorvam a madrugada
com seu pio roxo.
A morte grita seu perigo espúrio.
Não há quem a contenha:
Rebeldes ou covardes
seus pulsos batem
o ritmo surdo dos cantochãos,

Lá fora o tropel que vem do leste.
Sua fúria invade todos os porões.
É o sopro de breu que aumenta os mares.
A solidão é um touro abandonado
ao eco dos tambores.
Em seu peito de sombras
morre um grito de furnas.
E os mercados amargos
dormem na tarde
o sono dos fardos abarrotados.
Ali tramaram crimes mordazes
ali se fez morte sem alarme.
À sombra dos altares
o silêncio sobrevoa o cansaço
em prantos disciplinados.
Não há quem não espere
a vinda do milagre.
No tardio consolo das idades
o tempo do relógio está parado.
Não arde o sino no sono
o som que nele bate.
É triste seu brado
de timbre temperado.
A regra do seu fio é a da cicatriz,
Os golpes que desfere

recordam punhaladas

e mais que a dor que ferve

a dor que nada diz.

No alto o níquel da lua

não resgata a raiz dos males

e a noite, grande manjedoura,

deita mantas de nuvens sobre os astros.

O capim de verde fel

sorveu os venenos da luz;

mas eis que livre dos sortilégios

o sol faísca seu clarim de auroras:

Do cerne franco de seus olhos

a natureza ressuscita o ouro

e a alegria reflora em seu jardim.

É Noite

O campo é fresco
a amada cristalina,
seu amor é fonte dágua:
cai sobre a pedra que bebe
o rumor de sua carícia.
A sombra da árvore é mais triste
o bosque escuro fecha sua noite
dormem os animais.
Corre a brisa sobre a paz
o céu desliza
bate o sol na bigorna da montanha.
Vais sorrir e beber
vais esperar a noite na varanda.
No alto da serra
o ferreiro chispa seu último raio.
Já não vês as estrelas acampando?
Logo a lua surgirá a um canto
o rosto de uma oval melancolia
a luz corando pálida na relva.
Virá então a orquestra de quebrantos
grilos e sapos estarão tocando

e a coruja a piar em contraponto.
Os pirilampos vão cair do céu.
É a hora da sopa e da lareira
do cobertor na cama agasalhando,
da solidão, do sono palpebrando
o velho pesadelo.
Dormem os olhos e a razão primeiro
o coração e o cérebro não dormem
fazem no sono o sono derradeiro.

Diário do Funcionário

Raptamos a verdade
e enfiamos no bolso.
A mentira é nossa convidada
de honra, toma café conosco.

No jantar e no almoço
mastigamos o remorso da carne
e após a sobremesa
escovamos os dentes
as unhas e a consciência.

Amigo, lavaste as mãos
enxugaste o rosto na toalha
repartiste os cabelos e as culpas.
Agora limpo te olhas no espelho
e te arrependes.
Já não és o mesmo:
O espelho é o teu criado mudo
teu melhor companheiro e confidente.
Vestes o terno, beijas a esposa
e vais para a luta da rua

com teus disfarces de pedestre honesto.
Medes a mulher, a palavra
o sinal, a travessia –
rolas no abismo do beijo
imaginado e já perdido
na curva de uma esquina.
És adúltero e íntegro:
teus olhos afastam
os maus pensamentos
mas as imagens do sonho e as silhuetas
saltam do teu amor latente.
Assim transcorre
teu tráfego e dia de homem trêfego
em nostalgia –
entre risos e xícaras
de café e azia.

É noite e já cansado
voltas para casa.
Tens fome e fastio
tens a boca seca
de sede, tédio e desvario.
Levas debaixo do sovaco
o amor e o jornal amarfanhados;
nos lábios ainda levas

o sorriso amarelo
e algumas moedas e notas
do teu salário congelado.
És marido e pai
corno e funcionário
o fantasma bêbado
foragido da taverna.
Atravessas a noite, a calúnia
a infâmia, o bairro.
Teus olhos piscam na poça
(será namoro ou apenas o cansaço
de tanto esforço visual?)
Ó virtude mal-recompensada
de ser moço e não gostar de nada.
Contínuo servidor da máquina
teu coração não para.

Castração e Morte do Verso Livre

Meu poema foi condenado à morte.

Submeto a cabeça à lâmina do metro
e a guilhotina decepa
as últimas ideias subversivas
para fabricar em série
linguiças de redondilha
conservadas em rimas ricas
em vitaminas.

E ainda dizem que vivemos
no regime do verso livre.

Salgado e esquartejado
como Tiradentes
enterram-me num livro
e jazo para sempre no pó
das estantes de um certo ditador
parnasiano político.

Rodeio sem Rodeios

Ministro poliglota:
permita-me discordar
da marmita do marmota.
O que nós queremos
é a mamata dos seios de prata.
Queremos galgar o monte de Vênus
da mãe pátria.
Depois partiremos a galope
num cavalo de asas velozes
a espojar-se nas nuvens.
E faremos lá em cima nosso rancho
e tocaremos banjo para os anjos
como os vossos marmanjos
americanos.

Noturno

Vai, abandona o teu silêncio imenso,
ó imemorial noite de martírios,
solta o teu pranto de estrelas
e oferece aos filhos o peito branco da lua,
cura suas velhas feridas, noite amiga.
São pobres os corpos dormidos na longa madrugada,
são pobres e morrem de frio
ou de explosões desconhecidas –
as carnes da catástrofe
laceradas pela fúria de outras mãos.
São frágeis fios tecendo sua tristeza
que se entremeia como teia antiga
em busca de uma origem não sabida.
Lá no intervalo cósmico do tempo
é que gravitam seu momento eterno
de pausa que perdura e se prolonga,
como o perpétuo dia de um inseto
bebendo a luz na plenitude verde
que imortaliza a obra, seu objeto
de fadiga e de afeto,
e que parece nunca se acabar.

Dá-lhes, ó noite, a paz do teu desvelo
para que sonhem sob tuas nuvens,
teus novelos de cálida ternura
a cobrirem seus corpos como a mãe
faz ao filho que dorme em sua cama
agasalhando o fruto de seu ventre
abrigado do medo e do perigo.
O que pretendem é a morte solidária
sem as malícias do demônio imigo
e só te pedem que veles teu anseio
de vão passeio pelo mundo ambíguo
já que lhes deste o encanto de ter sido
ter construído a vida de outros seres
no curto sopro de um vagido ao dia.
E se é que tens poderes de dar vida
e retirar a vida quando queres
dá-lhes também um pouco do teu zelo
do teu cabelo escuro de infinito
deixa que a sombra dos teus olhos negros
mansa anoiteça a solidão dos filhos
para que a vida então desapareça.

Direitos

É preciso clamar com peito humano
que o mundo não tem jeito,
exigir ante o mar todo respeito
vendo na pedra as vagas a lutar,
a reclamar ao céu pelo direito
de derramar-se ao léu, de repousar
dos desenganos do seu véu desfeito
sempre a sorrir, a se perder no ar.

Profecia

A árvore que serás
dorme em tua semente,
a árvore que não serás
crescerá morrendo.

A Dialética do Lar

É preciso água
é preciso amor
é preciso empregada
é preciso valor
é preciso união
é preciso perdão
é preciso calor
é preciso ninho
é preciso carinho
é preciso ter cor
é preciso coragem
de dizer bobagem
sem ser agressor
é preciso vesícula
é preciso o agrícola
é preciso ser crápula
é preciso ter mácula
é preciso ser déspota
na devida época
é preciso ter cópula
e fazer muita troca

importante ou inócua.
E depois de ser cúpido
ser também estúpido
e ainda que cômicos
ainda que cínicos
ou mesmo coléricos
sejamos mais cálidos
mais líricos, lúdicos
e apesar de neuróticos
cada vez mais autênticos
e menos idênticos
mas muito mais sábios.

Tão Longe

Perdido de meus filhos
onde estou?
Espanha, França, Itália,
que estrangeira miragem
de tesouro de arte ou de paisagem
me trouxe de casa até aqui?
Veneza é um brilho de adagas que apunhalam
e estremecem suas águas fantasmas;
as gôndolas negras são féretros abandonados
ao longo dos canais,
sonhos insepultos que desembocam
em antigas desilusões.
Mudo de cidade
desocupo hotéis
arrasto malas.
Saio correndo de dentro
e fico oco, perplexo, só:
Sou quem me fogem.

Urca

É noite, é noite, é sempre noite em nós.
Triste cidade, pobres homens sós,
sempre a vagar, a se arrastar no pó,
para beber, para cair de dó.

É hora de morrer por não ter fé
hora de se afogar nesta maré
e até de se prender quem anda a pé
de ver no bar o riso da ralé,
que esta noite é prazer de gente má.

Receita

O amargo da vida
passou pela minha boca.
Por isso, tomo um gole de cerveja
e rezo todos os dias:
Tristeza, rogai por nós
que recorremos a vós.

Fastio

Não importa quanto
se podes comprar

Não importa a morte
se podes matar

Que diabo importa
dançar a polca?

O que mais revolta
é que tudo sobra
e nada faz falta

Coisas

As coisas que fazes
é como se fossem
a roupa que vestes
o laço da gravata
no espelho, o perdão.

É como uma lua
cativa na noite
o cão que passasse
no meio da rua
lambendo tua mão

a moeda no bolso
do mendigo cego
teu gesto de gozo
cometendo o amor.

A louça na pia
escorrendo água
é mágoa do dia
que morreu chorando
na cozinha escura.

As coisas que falas
na sala de visitas
não são as que pensam
o teu coração.

E quando já dormes
e dormindo sonhas
são tolas vergonhas
de oculta paixão.

Mas essas que calas
e sequer escutas
são lutas perdidas
de sonhos que embalas
e jamais desfrutas.

Idílio Cósmico

A noite está roubando o sonho
que o lume das estrelas
virá em teus olhos realizar.
Há muitos anos-luz
a lua deslumbrada te imagina
e ilumina tua insônia
em brancas madrugadas.
Há muito que as galáxias
invejam tua beleza cristalina
e o sol de Deus se cora
da vergonha de te amar.
És a imagem em cujo espelho
o Universo desejaria que voltasses
e te perdesses nele adormecida
para jamais no dia se acordar.

Fim

Ao cabo da vida
a vereda das nuvens
se alevanta para o céu.
Quem por ela avança
jamais encontrará velhas lembranças:
vapores e esperanças dissipará
no infinito cansado –
perdido o vulto na distância.
Cessarão todas as ânsias
a Deus não mais se buscará:
Seremos nada
e nada sendo
nada nos faltará.

Enigma

Qué cosa és la vida?

Carne herida por los huesos
máquina de tiempo y espera
secreto murmullo del aire en el hocico de la fiera
que duerme sola en las tinieblas del bosque?

Qué cosa és la vida?

Animal que carga su peso,
que toca su igual, y ama, y gime,
y deja caer el estiercol que huele?

Qué cosa és la vida?

Trozo ereto que come y camina
corrido de su suerte,
o un extraño mal que se anima
guiado por la mano de la muerte?

Circulación

En mi corazón está tu sangre;
en mis venas
llenas de sed y de condenas
arde el dolor de la pasión más grande.
Cuando te busco y me desprecias
atravesa mi músculo
un calofrío de miedo y de calambre.
Pienso tener tus muslos en mis manos
pero me acuerdo que era más un sueño.
Solo, a la noche, toco tu seno imaginario
cual si tuviera un nido de cariño
para aplacar el ansia de la hambre:
Soy a la vez un niño y un gigante;
tu abrazo és para mi como un alambre
que hiere y cierra de amor el pobre amante.
Por eso imploro, la ilusión no me quebrantes:
Si no quieres dar vida a un cuerpo errante
deja que muera para darte vida
pues a tu corazón irá mi sangre.

Mañana

Qué se hace?
Qué se hace ahora?
Ahora que estoy fuera
de la vida y de la gloria?
Ahora que la historia
se borró de la memoria,
y la puerta
cerróse a la victoria?

Lástima!
Mala hora de un niño
que no logró sacar de los ojos
la lágrima que llora,
de un hombre niño
que encerró en su corazón
las esperanzas más sonoras,
que buscó el pecho seco
de la madre patria
hasta la ruda ausencia
de la leche ilusoria.
Qué se hace ahora?

Ahora y después?
Ahora se devora
el hijo de la noche,
después renacerá
el hijo de la aurora.

OBRAS DO AUTOR

POESIA

Tempos e Coisas, Rio de Janeiro, Livraria São José, 1958 (3º Prêmio no 1º Festival Brasileiro de Poesia, Porto Alegre, 1958).

Poemas Neoconcretos, Rio de Janeiro, Coleção Espaço – 3, 1959.

Canto Pluro, Rio de Janeiro, Porta de Livraria, 1967 (1º Prêmio "Olavo Bilac" de Poesia do Estado da Guanabara); 2ª ed., Rio de Janeiro / Brasília, Editora Civilização Brasileira / INL, 1982.

Poesia Viva, Rio de Janeiro, Editora Civilização Brasileira, 1968.

Arma Branca, Rio de Janeiro, Editora Civilização Brasileira, 1979.

Raiz da Dor, Rio de Janeiro, Gráfica Olímpica Editora, 1979.

De Olho na Morte, publicado pela primeira vez no presente volume.

ROMANCE

Epílogo de Epaminondas, Editora Civilização Brasileira, Rio de Janeiro, 1960.

O Evangelho Antes de São Mateus, Rio de Janeiro, Saga Editora, 1969.

A Véspera do Medo, Editora Paz e Terra, Rio de Janeiro, 1972 (finalista do Prêmio Walmap, 1967).

O Estranho mais Próximo, Rio de Janeiro, Francisco Alves, 1988.

CONTO

Desamérica, José Álvaro Editor, Rio de Janeiro, 1969.

ENSAIO

Augusto dos Anjos: *"Eu" Tu Ele Nós Vós Eles*, Rio de Janeiro, Editora Mundo Livre, 1978.

TRADUÇÃO

Poesía Rebelde Latinoamericana, *Paidós*, Cidade do México,1980.
Latinamerika Spell,Vindrose, Copenhagen, 1982.
The Gospel Before Saint Matthew, New York,Vantage Press, 1994.

Título	De Olho na Morte e Antes
Autor	Fernando Fortes
Editor	Plinio Martins Filho
Produção Editorial	Aline Sato
Capa	Fabiana Soares Vieira
Revisão	Fernando Fortes
Editoração Eletrônica	Fabiana Soares Vieira
Formato	18 x 25cm
Tipologia	Bembo Std
Papel	Pólen Soft 80 g/m² (miolo)
Número de Páginas	488
Impressão do Miolo	Gráfica Vida e Consciência